궁금해<sup>#2</sup>

# 윤형철 교수의
# 조직신학 꿀팁

윤형철 지음

홍성사

맨몸으로 암벽을 오르는 등반가를 넋 놓고 본 적이 있다.
아찔한 절벽을 오르다 마땅히 잡을 데도 디딜 데도 없는
난감한 지경에 처하면, 으레 등반가의 손끝은 작은 틈이나
단면을 더듬어 찾았다. 끊어진 길을 이으려는 손끝이 그렇게
절실해 보일 수가 없었다.

진리를 찾는 그리스도인이 그렇지 않을까. 하나님을 아는
지식이 사람의 사고와 언어로 오롯이 가늠될 리 없다.
하나님의 신비와 구원의 신비 앞에서 논리와 설명의 언어는
겨우 두어 갈래 길을 내거나, 그마저도 막히거나 끊어지기
일쑤이다. 더 깊고 성숙한 이해로 도약하려면, 다른 무엇이
절실하다. 사고의 물꼬를 트고 잃어버린 맥을 이어 주는 한
조각의 통찰, 스치는 대화 같은 것 말이다. '꿀팁'은 그것들의
통칭일 테다.

'팁'은 그 발성부터 가볍기 그지없다. 구하는 사람이나 쥐여
주는 사람이나 그리 진지하지 않은 태도와 농담 반 진담
반을 섞은 말투로 툭툭 주고받아 무방할, 아니 그래야 제맛일
듯하다. 하지만 팁의 가벼움은 감당할 수 없는 무게를 대하는
방식이다. 인간의 머리와 마음의 도량을 훌쩍 넘어서는 진리가
신비를 헤아려 보라며 내미는 손짓, 그게 '신학의 팁'이지
않을까?

하나님의 진리를 말하는 일에, 학문의 묵직한 언어뿐 아니라 일상과 놀이의 유쾌한 언어도 가담해야 한다. 진중한 말이 훑지 못하는 곳은 가벼운 말이 쓰다듬어야 한다. 그런 생각을 신조 삼아 학문의 갑옷을 벗고 시냇가에 쪼그려 앉아 조약돌로 물수제비를 뜨듯이 경쾌한 글을 써보겠다고 야심차게 자판을 두드렸다. 그렇게 뽑아낸 글이 경쾌하게 가벼운 고수의 경지에 이르지는 못하지만, 신학이라는 바다의 갯내라도 독자의 코끝에 풍겨 준다면 저자로서는 더 바랄 게 없다.

곳곳에서 아우구스티누스, 안셀무스, 루터, 칼뱅, 카이퍼, 바빙크가 심어 키우고 현대 신학자와 기독교 사상가들이 접붙여 기른 열매들을 씹고 소화한 뒤 다시 뱉어 사용하였다. 부디 독자들은 끄트머리에 만족하지 말고 몸통을 향한 여정을 이어 가길 바란다.

배려하며 기다려 준 홍성사와 부족한 글을 멋진 담음새로 차려 준 편집팀에게 고마운 마음을 전한다.

2021년 5월

차례

# 1. 조직신학이란?

미켈란젤로의 시스티나 예배당 천장화.
진리를 체계화하여 하늘의 구조로 구성하려는 조직신학은
대 예술가의 천장화 작업과 비슷하다. [51p]

# 2. 신앙생활에 신학 공부가 꼭 필요할까?

동물의 이름을 짓는 아담이 그려진 1700년대 에칭화.
고대 근동 세계에서 이름은 단순한 지시어가 아니라 사물의 본성을 나타냈다.
어떤 존재나 사물에 이름을 부여하고 그 이름을 안다는 것은
그 대상을 지배함을 의미한다. [54p]

# 3. 세상에서 진리를
# 찾을 수 있을까?

빈센트 반 고흐의 1889년 작품 〈별이 빛나는 밤〉.
사이프러스 나무는 웅장하게 뻗어 있지만 교회의 첨탑은 왜소하다.
전통적이고 인습적인 신학보다 자연과 예술에서 진리의 빛을 찾으려 한
고흐의 속내가 비친 게 아닐까? [59p]

# 4. '오직 성경'은 성경의 권위만 인정하라는 뜻일까?

드레스덴 성모교회 앞에 서 있는 마르틴 루터의 동상.
루터가 이신칭의에 확신을 얻은 곳은 오직 성경이었다. [62p]

# 5. 사도신조란?

프랑스 파리 마자랭 도서관이 소장한 1300년대 삽화.
4세기 수도사 루피누스의 주장에 따르면 그리스도의 부활 승천 후
10일째 되는 날에 열두 사도가 모여 가장 중요하다고 생각하는 내용을
한 구절씩 말했다고 한다. 그 주장에 역사적 근거가 없음에도
라틴어 신조는 이후 사도신조(Apostles Creed)라고 불리게 되었다. [66p]

# 6. 사도신조에서
# "음부(지옥)에 내려가사"라는
# 문구가 빠진 이유는?

독일 르네상스의 거장 알브레히트 뒤러의 〈지옥에 내려가신 그리스도〉.
뒤러는 기독교적 주제를 다룬 일련의 목판화를 제작했다. [71p]

# 7. 성경에 삼위일체란 용어가 나오지 않는데 어떻게 삼위일체 교리가 생겼을까?

삼위일체의 방패 또는 믿음의 방패(scutum fidei)는
삼위일체 신앙을 중세풍의 방패에 새겨 넣은 문양이다.
세 꼭짓점에 있는 성부(pater), 성자(filius), 성령(spiritus sanctus)의
삼위는 서로 '아니다'(non est)로 연결되어 대체 불가능성을 표현하고,
중앙의 신성(deus)은 각 위가 '이다'(est)로 연결되어 동일함을 표상한다. [76p]

# 8. 하나님의 하나 됨과 셋 됨을 설명하는 방법은 하나일까?

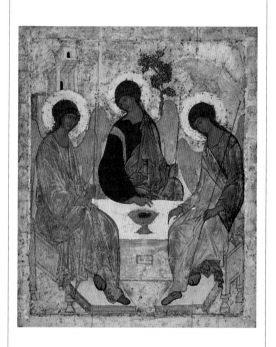

안드레이 루블료프가 1410년에 제작한 〈삼위일체〉 이콘.
루블료프의 이콘은 동방 교회 삼위일체론이
정초한 페리코레시스(상호 내주)를 원형의 대화 이미지로 보여 준다.
신비한 고요 가운데 둘러앉으신 삼위 하나님은 서로를 바라보며
영원한 사랑을 나누고 있다. [79p]

# 9. 하나님이 독생자 예수를 낳았다는 말은 무슨 뜻일까?

러시아 정교회의 이콘 〈하나님의 독생자〉. 천사들이 성자를 둘러싸고 있고
그 위에 성부가 포옹하듯 두 팔을 벌리고 있다.
성부와 성자의 관계가 기원에 근거한 상하주종의 위계적 관계가 아니라
아버지와 아들의 영원한 사랑의 관계임을 보여 준다. [84p]

# 10. 예배와 기도 중에 부르는 '하나님'에는 예수 그리스도도 포함될까?

12세기경 제작된 노브고로드풍의 이콘.
〈사람의 손으로 그리지 않은 그리스도〉(*Christos Acheiropoietos*) 혹은
〈천 위의 주님의 얼굴〉(*Mandylion*)이라고 불리며
모든 그리스도 이콘의 원형으로 여겨진다.
전설에 따르면 열두 사도 중 한 명인 유다가 나병에 걸린 에데사의 왕에게
예수의 얼굴이 새겨진 작은 손수건 모양의 천을 보냈는데,
그것에 손을 대자 나병이 나았다. 탈취와 이전을 거쳐
이탈리아의 토리노에 보관되었다. [88p]

# 11. 하나님은 왜 인간 외에 다른 영적 존재들을 지으셨을까?

세바스티아노 리치의 1720년 작품 〈타락한 천사와 싸우는 대천사 미카엘〉.
다니엘서 10장에서 바사 왕국의 군주는 땅을 짓밟을 뿐만 아니라 천상의 영역에서
하나님의 뜻을 대적하는 타락한 천사들로 나타난다. [95p]

# 12. 성경은 죄가
무엇이라고 말할까?

제네바의 칼뱅 칼리지 북쪽 건물의 현관에 새겨진
종교 개혁자의 슬로건 '어둠 뒤에 빛이 있으라'(Post tenebras Lux).
종교 개혁의 대표적인 구호였으며
당시 제네바에서 통용된 동전에 새겨졌었다. [98p]

# 13. 왜 하나님은
# 선악과를 만드셨을까?

루카스 크라나흐의 1526년 작품 〈아담과 이브〉.
크라나흐는 이 그림에서 '선악을 알게 하는 나무의 열매'를 사과로 형상화했다.
'악한'이란 뜻의 라틴어 'malus'와 사과나무라는 뜻의 'mālus'의 발음이
유사해서 생긴 언어 유희에서 기인한다. [103p]

# 14. 인간의 영혼과 몸은 어떤 관계일까?

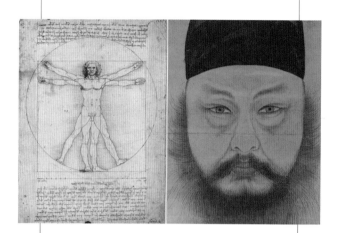

(왼쪽) 레오나르도 다 빈치의 〈비트루비우스적 인간〉.
고대 로마 건축가 비트루비우스의 "인체의 건축에 적용되는 비례의 규칙"이라는
표현에 착안하여 인간의 몸을 기하학적 관점에서 계량화하였다. [106p]

14a

(오른쪽) 조선 후기 공재 윤두서가 그린 〈자화상〉.
꿰뚫듯 응시하는 형형한 안광은 외형이 아닌
사람의 본질(얼)과 혼을 그려 내는 전신(傳神)의 노력을 보여 준다. [108p]

14b

# 15. 인간에게 있는
# 하나님의 형상은 무엇일까?

마르틴 부버의 《나와 너》(*Ich und Du*)는 서구 문화의 주체성 개념과
20세기의 인간론을 획기적으로 바꿔 놓았다.
부버는 '너' 없는 '나'가 존재할 수 없다고 말하며
대화적 자아, 타자성을 전제로 한 주체성을 선언한다. [112p]

# 16. 언약이란?

1728에 출간된 《성경의 인물들》(*Figures de la Bible*)에
수록된 아브라함의 언약 삽화.
하나님은 스스로 쪼갠 짐승 사이를 지나심으로 자신이 언약에
신실하실 것임을 아브라함에게 보여 주셨다.   [118p]

# 17. 초대 교회는 왜 신앙고백에 물고기 문양을 사용했을까?

**ICTHUS**

"The Sign of the Fish."

Ἰησοῦς Χριστός, Θεοῦ Υἱός, Σωτήρ

**Iēsous Christos, Theou Yios, Sōtēr**

JESUS CHRIST SON OF GOD, SAVIOR

예수에 대한 신앙고백을 상징화한 '익튀스' 문자와 문양. [120p]

( 17a )

프랑스 랑드 카프브레통에 있는 성니콜라스 성당 명판에 새겨진 그리스도 상징(Christogram). 좌측의 올리브 가지를 문 비둘기는 대홍수가 초래한 암흑에서 살아나는 부활을 상징한다. 중앙에 있는 Chi-Rho 상징은 헬라어 크리스토스의 첫 두 글자(X와 P)에 처음과 끝을 의미하는 그리스 알파벳 알파와 오메가를 함께 썼다. 이 상징들은 맨우편에 익튀스와 함께 그리스도로 인한 부활의 소망을 표현한다. 아래에 적힌 라틴어 문구는 시편 51편 8절의 불가타 번역에서 따온 문구로 "죽은 자의 뼈가 다시 일어서리라"라는 뜻이다. [122p]

# 18. 그리스도의 양성 논쟁이란?

알렉산드리아의 키릴루스 이콘. 아타나시우스를 계승하는
키릴루스는 '정통'의 양면을 보여 주는 복잡한 인물이다.
기독교 분파, 이교, 유대인에 대한 배척과 폭력 사건 뒤에는 키릴루스가 있었다.
키릴루스가 저승에서도 분란을 일으켜 지상으로 돌려보내질까
두려워한 사람들이 무덤에 큰 돌을 올려 뒀다는 후문이 있다. [127p]

# 19. 구약 시대에 예수는 어디 계셨을까?

런던 세인트 제임스 교회의 스테인드글라스에 그려진 그리스도.
정통 신학자들은 호렙산에서 불타는 가시떨기에 나타나셔서
"나는 스스로 있는 자"라고 자신을 계시하신 여호와의 사자가
곧 영원하신 말씀이신 그리스도라고 확신했다. [129p]

# 20. 예수 그리스도가 하나님이라면 왜 겟세마네 동산에서 죽음을 앞두고 고뇌하셨을까?

이탈리아의 천재 건축가 안토니 가우디가 설계한
사그라다 파밀리아 성당의 파사드 부조는 그리스도의 수난을 형상화한다.
가우디는 인간 죄의 비참함을 상기시키는 에스겔서의 마른 뼈와 같이 거칠고
단순한 골격 속에 고난받고 죽으신 그리스도를 새겨 넣었다. [135p]

# 21. 이신칭의 교리는 그리스도인이 거룩하게 살아갈 동기를 약화하지 않을까?

대 피터 브뤼겔의 1566년 작품 〈농부의 결혼식〉.
종교 개혁 이전에는 성경 인물이나 성인들만이 그림으로 그려졌다.
소박한 서민의 일상은 코람문도의 삶과 코람데오의 의를 떠올린다. [141p]

# 22. 가나안 족속을 진멸하라고 명하신 하나님과 십자가 사랑의 하나님은 동일한 분일까?

폴 귀스타브 도레의 1877년 작품 〈1204년 콘스탄티노플로 입성하는 십자군〉.
이교도 진멸과 성지 탈환이라는 대의로 전쟁을 시작했지만
제4차 원정에 이르자 이슬람 제국이 아니라
동로마 제국의 수도 콘스탄티노플을 함락하고 약탈한다. [144p]

# 23. 만사가 하나님의 예정과 섭리대로 이뤄진다면 우리는 왜 기도해야 할까?

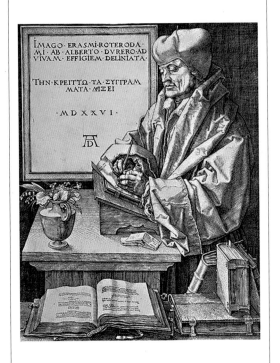

알브레히트 뒤러의 1526년 작품 〈로테르담의 데지데리우스 에라스무스〉.
인간의 자유와 책임을 중시했던 에라스무스는 '예정 교리에 대한 유감'으로
종교 개혁에 찬동하지 않았다. [148p]

# 24. 모든 그리스도인이
# 초자연적인 은사를 구해야 할까?

미하일 브루벨의 1885년 작품 〈사도들에게 임하시는 성령〉.
이 프레스코화에서 브루벨은 성령을 예수와 제자들을 잇는
교통의 영이자 능력을 나눠 주시는 은사의 영으로 그렸다. [151p]

# 25. 성령 훼방죄는 그리스도의 구속으로도 용서받지 못할 죄일까?

1494년에 출간된 세바스티안 브란트의 풍자집 《바보들의 배》(*Das Narrenschiff*)에 수록된 알브레히트 뒤러의 삽화 〈신성 모독에 관하여〉. 구원의 방주를 자처하던 중세 로마 교회는 책에서 왕족, 성직자, 주교, 법률가를 비롯한 바보들이 탄 배로 그려졌다. 그림 속 광대는 삼위일체를 비웃듯 삼지창으로 그리스도를 찔러 보고 있다. [155p]

렘브란트의 1668년 작품 〈돌아온 탕자〉.
이 그림에서 아버지는 아들이 돌아오기를 기다리다
반(半)실명 상태가 된 것으로 그려진다.
동생에게서 멀찍이 떨어진 형과 대조적으로,
아버지는 탕자가 저지른 악행을 이미 용서하고 잊었다. [160p]

# 27. 구원받은 그리스도인에게
# 율법이 필요할까?

마르틴 루터의 기도서에 삽입된 제발트 베함의 1527년 작품 〈십계명을 받는 모세〉.
두 개의 돌판은 하나님을 예배하는 의무를 기초로 삼고
그 터 위에 사람들을 사랑하는 의무를 명한다. [164p]

# 28. 동방 정교회에는 왜 이콘이 있을까?

우크라이나 마니아바 에르미타주에 있는 성상 칸막이(iconostasis).
동방 정교회 예배당에 설치된 성상 칸막이는 제단과 회중을 분리한다.
보이지 않는 하나님의 은총을 가시화하는 이콘들이 걸려 있다.
신앙의 눈으로만 볼 수 있는 창인 셈이다. [169p]

# 29. 참된 교회와 거짓 교회를 구분하는 표지는?

325년에 열린 니케아 공의회를 그린 니케아 이콘.
콘스탄티누스 황제를 중심으로 정통 교리의 수호자들이
니케아-콘스탄티노플 신조를 들고 있다. "하나의 거룩하고,
보편적이며, 사도적 교회"라는 표현은 여기서 처음으로 언명되었다. [174p]

# 30. 그리스도인은 왜 정치, 문화, 환경, 인권 등 사회 문제에 관심을 가져야 할까?

개혁주의 공공 신학의 원조인 아브라함 카이퍼.
말과 글로만 외치지 않고 목사, 신학자, 대학 총장, 교단 설립자, 언론인,
편집장, 반혁명당 의원, 연립정당 수상 등 종횡무진 활동하였다.
반대자들조차 "10개의 머리와 100개의 손을 가진 적"이라며 감탄했다. [178p]

# 31. 개신교회와 로마 가톨릭교회는 왜 서로 이단이라고 정죄할까?

ecclesia reformata
semper reformanda
secundum Verbum Dei

"개혁된 교회는 항상 개혁되어야 한다." 네덜란드 신학자
요도쿠스 판 로덴슈타인이 종교 개혁의 표어로 사용한 이래
자주 인용되는 문구이다. "하나님의 말씀에 따라서"라는 말로 끝난다. [182p]

# 32. 이단은 무엇이고
# 어떻게 생길까?

테르툴리아누스는 《이단자 규정》에서 이단들이 철학을 무기로 삼아
기독교의 복음과 배치되고 신앙의 본질을 훼손하는 주장을
펼친다고 주장했다. "아테네가 예루살렘과 무슨 상관이 있으며,
아카데미아가 교회와 무슨 상관이 있는가"라는 말을 남겼다. [189p]

# 33. 믿는 자의 이혼에 대해 로마 가톨릭교회와 개신교회의 입장은 왜 다를까?

피에트로 롱기의 에칭화 〈혼인 성사〉.
제단 앞 두 사람이 맞잡은 손을 신부의 영대로 덮어서
남자와 여자가 신적 은총으로 결속함을 보여 준다. [192p]

# 34. 선교는 모든 그리스도인과 교회의 사명일까?

헨리 스콧 튜크의 1894년 작품 〈선교선〉.
젊은이들이 꿈꾸는 모험에는 낯선 이국으로 향하는 선교 여행도 포함되었을까.
젊은 선교사들은 군함에 실려 선교지로 파송되기도 했다. [195p]

# 35. 교회에 꼭 건물이나
# 직분이나 제도가 필요할까?

토마스 머너의 《바보에게 호소함》(*Narrenbeschwörung*)에 실린 삽화.
"목욕물과 함께 아기를 버리다"라는 격언은 16세기 독일에서 유래하였다.
마르틴 루터를 비롯한 많은 독일 사상가들이 즐겨 사용하였다. [200p]

# 36. 세례의 물과 성찬의 떡과 포도주는 우리 신앙에 어떤 의미일까?

윌리엄 오거스트 크래프트가 1876년에 출간한 《미국 정착의 개척자들》(*Pioneers in the Settlement of America*)에 수록된 삽화 〈버지니아 데어의 세례〉. 세례는 개척자들에게 지난 시절을 잊고 새로운 삶을 일구며 누릴 생명과 축복을 의미했다. [204p]

# 37. 지옥은 어떤 곳일까?

산드로 보티첼리가 10년 가까이 매달려 완성한
〈지옥 지도〉(*La Mappa dell'Inferno*).
단테가 《신곡》의 〈지옥〉편에서 묘사한 지옥의 모습을 생생하게 나타냈다. [209p]

# 38. 마지막에는 사탄을 포함한 모든 존재가 구원을 받게 될까?

Un missionnaire du moyen âge raconte qu'il avait trouvé le point
où le ciel et la Terre se touchent...

카미유 플라마리옹이 1888년에 발간한 《대중 천문학》에 수록된
수수께끼 같은 삽화. 삽화 밑에 "중세 선교사가 하늘과 땅이 맞닿는 지점을
찾았다고 말했다"라고 쓰여 있다. '아포카타스타시스'는
천체의 배열이 재구성됨을 가리킨다. [212p]

# 39. 예수가 재림하시는 때를 예측할 수 있을까?

알브레히트 뒤러의 1497년 작품 〈종말의 네 말 탄 자들〉.
요한계시록 6장에서 그리스도의 재가를 받고 종말의 재앙을 일으키는 기병들.
파르티아 기병을 닮은 흰 말 기병은 죽음과 혼란을, 붉은 말 기병은 전쟁을,
검은 말 기병은 기근을, 청황색 말 기병은 전염병을 상징한다.
출처: 하버드 대학 휴튼 도서관. [218p]

# 40. 새 하늘과 새 땅은 세상이 끝난 다음 펼쳐지는 세계일까?

독일 라이헤나우 수도원에서 제작된
《밤베르크 묵시론》(the Bamberg Apocalypse)의 한 장면.
천사는 요한에게 어린 양이 중앙에 있는 새 예루살렘 성을 보여 주고 있다. [223p]

# 서론

# 1. 조직신학이란?

본래 조직신학은 기독교 신학을 아우르는 통합 학문인
'교의학'(dogmatics)으로 불렸다. 교부 시대부터 개신교 정통주의
시대까지 거의 모든 신학자는 성경을 해석하고 교리를 밝힌
교의학자였다. 근대 이후에야 신학의 영역은 조직신학,
역사신학, 성경신학, 실천신학 등으로 갈라지고 전문화되었다.
조직신학은 어떤 신학일까?

조직신학의 특징은 성경에 계시된 진리를 '체계적이고 일관된
방식'으로 진술하는 것이다. 조직신학은 신의 존재, 우주와
인간, 구원, 역사에 대한 총체적인 그림을 추구한다. 이를
위해 조직신학은 계시된 진리를 논리정연한 교리로 표현하고,
체계적이고 보편적이며 심지어 초월적인 진리의 하늘(천장)을
구성하려 한다. 만물에 대한 신적인 진리를 찾는 작업이다.
설령 땅에 있는 인간과 교회와 역사를 살필 때도 조직신학은
하늘과 영원을 머릿속에 그린다. 하늘을 그리려는 조직신학의
움직임은 둥근 모양이다. 성경신학은 성경'책'의 글을 좇기에
이야기와 삶이 진행하는 방향을 따라 선형으로 움직이는
데 비해, 조직신학은 주제(loci)를 중심으로 돌면서 수렴하고
확산한다.

조직신학은 일곱 주제를 거느린다.

서론, 신론, 인간론, 기독론, 구원론, 교회론, 종말론

조직신학의 일곱 주제는 각각 일관성과 합리성을 추구하며 '논'(論)을 형성한다. 이들은 서로 순환하고 교류하며 총체적 진리의 하늘을 그린다. 마치 일곱 난쟁이가 춤을 추며 거인의 형상을 만들어 가듯, 일곱 주제들은 인간과 땅 위에 드리운 하늘 모양의 천정을 짓는다.

하늘을 구성하는 신학인 만큼, 일곱 주제 중 그 중심 자리를 차지하는 것은 신론이다. 신학(theologia)은 '신을 이야기한다'는 뜻이다. 무엇을 말하든 그것은 하나님 이야기의 적용이거나 확장이다. 기독교 신학의 강은 신론에서 흘러나와 신론으로 흘러간다. 신론이 모든 이야기의 처음이자 마지막이라면 기독론은 모든 이야기를 잇고 푸는 매듭이다. 기독론을 통해 신론이 풀리고 인간론이 해명되며 종말론이 열린다. 이렇게 조직신학의 모든 '논'은 서로 맞물려 짜이며 하나의 통옷을 만들고 하나의 원을 그린다.

'교의학'이 '조직신학'으로 개명한 데에는 사연이 있다. 이성을 떠받든 근대 계몽주의 시대에 우주는 인과율, 즉 자연법칙에 따라 기계처럼 움직이는 질서정연한 체계로 여겨졌다. 닫힌 우주의 객관적인 합리성을 믿었던 시대에 진리를 말할 자격은 이성을 도구로 삼는 철학과 과학에게만 주어졌다. 당시

학문계에 유행한 용어는 바로 '조직적인'(systematic)이었다. 한때 하늘을 그리는 붓을 독점했던 신학도 '과학과 같이 합리적으로 교리의 체계를 세운다'는 의미에서 조직신학이란 간판을 내걸었다.

'조직'이라는 꾸밈말은 조직신학의 특성을 반영하지만, 동시에 신학이 결코 이를 수 없는 지경을 감히 들먹이는 이율배반의 어법이다. 떨어지는 사과를 보고 온 우주에 적용되는 만유인력을 파악하듯, 성경에서 추출한 지식을 가지고 하나님과 세상, 영원과 시간의 체계를 '조직적으로' 통달할 수 있을까? 그런 발상은 신학의 본질과 어울리지 않는다. 계시를 통해 드러내신 하나님을 이해한다는 것은 동시에 신비에 감추인 하나님의 불가해함을 인정하는 것이다. 참된 신학은 하나님을 자신의 범주와 공식으로 깔끔하게 설명하려는 생각 자체를 품지 않는다. 신학의 목적은 하나님과 구원의 신비를 인간의 짜임새에 욱여넣으려 함이 아니라 그 신비를 더욱 사모하고 그 위엄 앞에 엎드리려 함이다.

천국에 이른 복자들이 행하는 '천상의 신학'(theologia beatorum)은 하늘에서 하늘을 말할 수 있다. 반면 지금 여기서 나그네 된 우리가 하는 신학은 땅에서 하늘을 바라보는 '노상의 신학'이다. 하늘을 바라보고 길을 가는 나그네에게 신학하기(doing theology)는 이 땅에서 이뤄지는 일이다. 하늘을 말하려고 노력할지언정, 어떤 조직신학도 스스로 하늘이 될 수 없다. 조직신학은 하나님과 구원의 신비를 멀찍이서 '객관적'으로 관찰하고 따진 후에 무심히 그것에 '대해' 말하는 사유와 관념의 학문일 수 없다. 참된 신학은 오직 이해하고자 하는 대상에 온 존재를 기울여 참여한다. 아직 끝마치지 못한 여정에서 조직신학은 '다 이루었다'는 하나님의 선언을 기다린다. 그런 점에서 '종말론적 신학'이기도 하다. 하늘과 땅, 영원과 시간, 하나님의 삶과 인간의 삶이 맞닿는 지평으로 난 길 위에서 그렇게 하늘을 본다.

## 2. 신앙생활에 신학 공부가
## 꼭 필요할까?

신학자나 목회자가 될 것도 아닌데 평신도가 왜 굳이 신학을
해야 할까? 이 질문은 어떤 전제를 숨기고 있다. 신앙을 위와
아래, 성직자 수준과 평신도 수준, 고상한 신앙과 순진한
신앙이라는 두 층위로 나누는 것이다. 이런 문제는 액면으로
받을 게 아니라 이면을 파고들어야 한다. 신앙과 신학, 믿음과
이해, 삶과 해석을 과연 분리할 수 있는지 말이다.

인간이란 존재 자체가 해석이다. 인간 창조의 첫 장면은 그
사실을 잘 보여 준다.

> 여호와 하나님이 흙으로 각종 들짐승과 공중의 각종 새를
> 지으시고 아담이 무엇이라고 부르나 보시려고 그것들을
> 그에게로 이끌어 가시니 아담이 각 생물을 부르는 것이 곧
> 그의 이름이 되었더라(창 2:19).

하나님은 만물에 자신의 영원하신 능력과 신성을 새겨 두고,
아담이 만물에서 본질을 포착하여 이름을 붙이게 하셨다.
마치 갓난아이가 엄마와 아빠의 시선과 목소리를 통해 세상을
알아 가듯, 아담은 하나님으로부터 나오는 빛을 통해 만물이
지닌 본질과 이야기를 찾아냈다. 하나님의 형상으로 지음 받은
아담에게 맡겨진 '이름 짓기'(naming)는 무에서 유를 창조하는
하나님의 창조성과 달리, 이미 있는 것의 본질과 운명을
이해하고 해석하는 일이었다. 인간은 이름을 지음으로써

자신이 경험한 하나님의 세계가 지닌 아름다움, 조화로움, 가능성을 이해하고 자신과 세계의 운명을 연결할 수 있었다. 만물의 생명과 번성을 말씀으로 시작하신 하나님이 '창조하는 이야기꾼'이시라면, 하나님의 형상인 인간은 그 말씀을 따라 만물의 이치를 터득하여 이름을 붙인다. 그렇게 이야기를 발견하고 하나님의 이야기에 궤를 맞춰 보며 '해석하는 이야기꾼'으로 살아간다. 그것이 인간의 숙명이다.

최초의 인간이 이름 짓기를 하면서 세상과 만났듯이, 우리도 해석을 함으로써 세상에 참여한다. 인간 됨이 그러하고 인간으로 살아가는 일이 그러하다. 우리가 무슨 말을 하고 무슨 생각을 하고 무슨 행동을 하든지 그것은 우리에게 들려진 말씀, 우리 앞에 놓인 세계, 우리에게 주어진 삶에 대한 '하나의 해석'이다. 우리의 삶 자체가 사물과 사건에 대한 해석이라면, 그것은 또한 만물을 지으신 하나님에 대한 신학이다. 그런 의미에서 그리스도인을 포함한 모든 사람은 호흡하는 순간마다 신학적 의사와 발언과 실천을 행하는 셈이다.

'인간이 해석하는 존재'라는 사실은 위대함의 조건이자 동시에 비극의 조건이었다. 창세기 3장의 타락 이야기는 하나님의 말씀에 대한 해석적 일탈과 왜곡이 빚은 참사였다. 타락과 범죄는 하나님과의 관계 속에서 하나님이 지으신 세계를 해석하고 번영시켜야 하는 인간의 숙명을 뒤엎었다. '하나님의 말씀'과 '사물과 사태' 사이에서 해석자로 서야 할 인간이, 준거점이신 하나님으로부터 끊어졌을 때 인간은 해석 불능 상태에 빠졌다. 먹통이 된 것이다. 그 결과 다른 것들의 이름은커녕 자신의 이름조차 말할 수 없는 허언의 존재로 전락했다.

타락으로 인해 중단된 신학은 계시의 빛이 비치면서 다시 시작된다. 계시의 빛이 비치고 어둠 속에 감춰졌던 사물이 실상을 드러낼 때 이름 짓기(해석)가 시작된다. 이 패턴은 반복된다. 먼저 하나님의 말씀이 나오고 그 후에 인간의 들음과 해석이 뒤따른다. 먼저 구원 사건이 일어나고 이어서 해석이 생긴다. 사물이 자신을 비춰 줄 빛을 기다리듯, 사건은 해석되는 순간을 고대한다. 바로 해석되지 않은 사물과 사태는 아직 이름이 붙여지지 않은 미제 사건과 같다. 출애굽의 첫 세대 히브리인들을 생각해 보라. 이들은 전무후무한 이적을 체험하고도 바른 해석(신학)이 없어 광야의 여정을 마치지 못했다. 인간은 해석하는 존재이고 인간의 삶 자체가 이야기이므로, '사건과 해석', '계시와 신학'의 패턴은 구조적으로 반복된다. 구원의 계시가 우리 안에 믿음을 일으키고, 다시 그것을 기억하고 이해하고 말하는 해석적 신학의 선순환이 일어나면서, 우리의 신앙은 자란다.

교회의 위대한 스승들은 그리스도인의 삶이 믿음(신앙)으로 출발하되 거기에 그치지 않고 더 깊은 이해(신학)를 추구하는 여정임을 일찍부터 알았다. 아우구스티누스는 기독교 신앙이 '믿음을 통한 이해'라고 확신했고, 안셀무스는 이를 '이해를 추구하는 신앙'이라는 경구로 압축시켰다. 칼뱅 역시 믿음은 단순한 의견이나 지식이 아니라 꾸준한 신뢰를 전제로 하는 지식이라고 가르쳤다. 구원의 첫 불꽃은 우리의 이성으로 촉발될 수 없고 오직 하나님이 벼락처럼 심어 주신 믿음으로만 가능하다. 믿음은 하나님을 더 깊이 아는 이해를 추구하라고 등을 떠민다. 동시에 기독교 신학이 추구하는 지식이 인간의 이성을 넘어가는 실재(하나님, 영혼, 구원, 성육신, 부활, 속죄, 영생 등)를 다루기 때문에, 우리의 이해는 끊임없이 믿음으로 돌아와 안긴다.

신학은 '하기(doing) 이전에 살기(living)'이고 '하기 너머로 살기'이다. 인간이 해석하는 존재요 인간의 삶 자체가 하나의 신학이라는 사실 앞에 "왜 신학을 공부해야 하느냐" 하는 질문은 쑥스럽게 거둬들여야 한다.

# 3. 세상에서 진리를
찾을 수 있을까?

우리는 교회 바깥에서 진리를 발견하리라 기대할 수 있을까?
교회를 밝히는 구원의 빛과 세상을 밝히는 이성의 빛은 동일한
빛일까? 세상의 지혜가 기독교 진리와 교류하거나 통합될 수
있을까? 유대-기독교라는 물줄기가 헬레니즘의 넓은 바다로
합류할 때부터 그리스도인들은 이 문제를 고민했다.

대부분의 신학적 이슈들은 거친 물길이 되어 양쪽에 둑을
만들고 거기에 서로 다른 입장을 마주 세운다. 기독교의 진리를
말하는 신학이 세상의 지혜를 섬기는 철학과 어떤 관계를
맺을지를 놓고도 편이 갈렸다.

기독교의 진리를 세상의 지혜와 통합하자며 먼저 둔덕에
올라선 사람은 유스티누스였다. '기독교가 곧 참된
철학이다'라고 주장했던 그는, 당시 로마인이 가장 존경했던
소크라테스가 예수와 같은 부류라며 신학과 철학의 돈독한
관계를 주선했다. 알렉산드리아의 변증가 클레멘트는
한술 더 떠서 '철학은 기독교로 가는 길이다'라며 신학의
길과 철학의 길을 포갰다. 그는 플라톤의 진리는 하나님의
계시이며, 플라톤은 '그리스도 이전의 그리스도인'이라고
불러도 무방하다고 믿었다. 한편 반대편 둑에서 이들을
노려보던 사람이 있었다. 바로 카르타고의 평신도 신학자
테르툴리아누스이다. 테르툴리아누스는 당대 이단들의 사상을
샅샅이 검토한 끝에 이단들이 기독교 진리를 훼손하는 무기로

삼는 생각들이 철학으로부터 나온다고 확신했다. 그는 세상의 빛이 교회와 신학 안으로 들어오려고 할 때 가장 넘기 힘든 강력한 방어진을 시전했다.

> 아테네가 예루살렘과 무슨 상관이 있으며, 아카데미아
> (플라톤이 세운 철학 학교)가 교회와 무슨 상관이 있는가?

테르툴리아누스가 시퍼런 눈으로 팔짱을 낀 채 노려보고 있었지만, 신학자들은 늘 세상의 학문과 지혜를 빌리고 의존하고 때론 훔쳐서 사용했다. 소싯적 철학 판에서 공부깨나 했던 아우구스티누스는 테르툴리아누스에게 반기를 들었다.

> 하나님이 창조하신 만물이 그 자체로 하나님을 알 수 있는
> 위대한 책이다.

아우구스티누스는 세상 지식을 활용할 근거를 출애굽 사건에서 찾았다. 모세가 애굽에서 배운 모든 지혜를 사용하여 하나님의 종으로 섬기고, 이스라엘 백성들이 출애굽 후 애굽인의 금은 장식과 물건들을 약탈해 성막 건설에 사용한 것처럼, 이교의 가르침이 전적으로 그릇된 것은 아니다. 오히려 그 안에는 기독교의 진리로 사용하기에 적합한 탁월한 교훈이 있다. 아우구스티누스는 세상의 모든 진리가 하나님으로부터 왔는데 세속 철학에 의해 부당하게 도둑맞고 유린당했다고 보았다. 따라서 그리스도인이 철학 안에 있는 진리를 되찾아 복음을 위해 바로 사용할 의무가 있다고 주장했다. 친절하게도 그는 철학 안에서 참된 목소리와 참되지 않은 목소리를 구분하는 '비판적 전유'(critical appropriation)의 비법을 전수했다.

철학과 신학이 대립하거나 경쟁하던 시대가 지나가고 중세 시대에 접어들면서 교회는 진리를 독점했다. 중세의 하늘이 된 교회는 넉넉한 도량으로 세상의 학문과 지식을 품었다. 중세 수도원 운동의 중심인물인 페트루스 다미아니는 세상의

학문을 시녀로 삼아 신학을 섬기게 해야 한다는 유명한 말을
남겼다. 그는 시녀론을 뒷받침하고자 신명기 본문을 인용하여
고대 이스라엘에서 가나안 포로를 종으로 삼는 전쟁법을
알레고리로 해석했다.

> 신학자는 철학의 머리카락(무익한 이론)을 잘라내고, 손톱
> (미신적 작품)을 깎고, 헌옷(이교적 신화)을 벗겨야 한다. 그런
> 다음에 신학자는 신학을 아내로 삼고 철학을 신학의 시녀로
> 삼아야 한다. 시녀요 종인 철학은 항상 주인인 신앙보다 앞서지
> 않고 뒤따라가야 한다.

만물이 하나님의 영광을 반영하고 그분의 능력과 신성을
드러내고 있음(롬 1:20)을 믿는 기독교 신학은 교회와 성경의
경계 너머에도 진리가 있음을 부정하지 않는다. 빛과 어둠은
섞일 수 없지만, 빛과 빛은 합쳐져 더 밝아지는 법이다.
아우구스티누스는 인간의 이성과 의지로 행하는 '참된 철학'과
하나님의 은혜로 이뤄진 '참된 종교'가 결국 하나로 수렴할
수밖에 없다고 믿었다. '하나님을 아는 지식'과 '우리 자신을
아는 지식'이 분간하기 힘들 만큼 밀접하게 연관되어 있다던
칼뱅의 말도 거기에 힘을 보탰다. 물론 타락과 무지에 갇힌
세상에서, 계시의 진리는 이성의 진리보다 우선한다. 인간의
이성은 광원이 아니라 반사체이기 때문에 하나님에게서

오는 계시의 빛이 없다면 인간은 천지 분간 못하는 소경에
불과하다. 계시의 빛이 타락으로 어두워진 인간의 내면을 다시
밝히고, 그렇게 밝혀진 후라야 인간의 이성은 자연과 역사와
삶을 알 수 있다.

교회는 어디서도 얻을 수 없는 진리의 빛을 보존하고
전파하는 공동체다. 그런데도 교회 자체는 빛이 아니고 '빛의
사도'이며, 때로 그 사명을 배반하고 진리를 왜곡한 어두운
역사를 지닌다. 교회가 하나님의 빛을 제대로 반영하지
못할 때 하나님은 교회 바깥에 산재한 빛을 통해 세상과
그리스도인들을 위로하셨다. 모든 빛의 아버지이신 하나님은
무엇이든 반짝이게 비추실 수 있다. "돌들로도 아브라함의
자손이 되게"(마 3:9) 하실 수 있듯이 말이다.

모든 진리의 빛은 결국 하나로 합류할 것이다. 그날에 창조와
구속의 역사가 만나고, 그리스도인 됨과 인간 됨이 일치되며,
참된 철학과 참된 종교가 손을 맞잡을 것이다.

> 그 성은 해나 달의 비침이 쓸데없으니 이는 하나님의 영광이
> 비치고 어린 양이 그 등불이 되심이라(계 21:23).

## 4. '오직 성경'은 성경의 권위만 인정하라는 뜻일까?

개신교도라면 누구나 '오직 성경'을 들어 봤으리라. 짧은
표현이지만 곱씹을수록 가슴이 비장해진다. 하지만 말이
멋지다고 그 의미가 명쾌해지지는 않는다. 종교 개혁의 가장
중요한 원리 중 하나인 '오직 성경'도 역사와 상황을 고려해서
신중하게 의미를 살펴야 한다.

종교 개혁의 가치를 압축한 다섯 가지의 '오직'은 복음을
왜곡하는 인간적 수단을 쳐내는 칼이었다. 당시 치열한 논쟁이
일었던 구원, 예배, 권위의 문제에 대해 종교 개혁자들은 다섯
번의 '오직'(five solas)으로 답변했다.

1. 구원에 이르는 조건이 무엇인가? 오직 믿음(Sola fide)!
2. 구원을 이루는 능력은 어디에 달렸는가? 오직 은혜(Sola
   gratia)!
3. 누가 우리의 구원을 위한 중보자일 수 있는가? 오직
   그리스도(Solus Christus)!
4. 그리스도인은 누구에게 예배를 드리고 영광을 돌려야
   하는가? 오직 하나님께 영광(Soli Deo gloria)!
5. 그리스도인의 신앙과 삶에서 최고 불변의 기준은 무엇인가?
   오직 성경(Sola scriptura)!

다섯 가지 '오직'은 순전한 복음에 무언가를 덧대어 변질시킨
로마 가톨릭교회를 겨냥한다. 구원의 조건에서 선행을

잘라 내면서 '오직 믿음'이라 선언한다. 구원을 이루는
능력에서 인간의 공로를 쳐내면서 '오직 은혜'를 외친다.
구원의 중보자에서 마리아, 성인, 사제를 베어 내면서 '오직
그리스도'를 선포한다. 예배와 송영을 바칠 대상에서 성모와
성인과 성천사를 거부하면서 '오직 하나님께 영광'을 강조한다.
그리고 하나님의 말씀에 덧붙은 교회의 전통을 갈라내며 '오직
성경'을 내세운다. '오직'의 원리는 성경적 복음의 회복을 위한
것이다. 배타적인 폭력의 수단이 아니다. 다섯 개의 '오직'은
서로 연관을 맺고 서로의 의미를 보충한다. '오직 성경'은
믿음의 역할이나 성령의 역할을 배제하지 않는다. '오직 믿음'의
원칙은 '오직 은혜'의 원칙을 배제하지 않고 '오직 그리스도'의
원칙은 성부와 성령을 배제하지 않는다.

'오직 성경'은 중세 로마 교회가 따른 권위의 원리 '성경과
전통'(scriptura et traditio)에 대한 단호한 거부이다. 로마
가톨릭교회는 구원과 진리를 위해 성경만으로는 충분치
않고 성경을 해석하고 가르칠 교회와 전통이 필수적이라고
주장했다. 더 나아가 로마 교회는 무오한 교황과 합법적 성직을
따라 내려오는 전통이 살아 있는 말씀과 같은 신적 권위를
갖는다고 주장했다. 이에 맞서 종교 개혁자들은 성경만이
성도의 양심과 교회의 기준이 되는 규범이며, 하나님에 대한
지식과 은혜의 원천이자 교회의 증언과 가르침을 판가름할
가장 권위 있는 근거라고 천명하였다. 오직 성경만을 살아

있는 하나님의 말씀으로 인정한다는 것은, 교회 전통과 신조, 교리적 가르침이 그 자체로 오류가 없는 절대 규범이 아니라 성경에 따라 판단되고 수정될 상대 규범임을 분명히 한다. 하나님의 말씀인 성경이 모든 것을 '규정하는 규범'(ruling rule)으로서 주권적인 권위를 가진다면, 교회와 전통은 성경을 따라 '규정받는 규범'(ruled rule)으로서 하나님의 말씀을 바로 전파하는 사역적인 권위를 가질 뿐이다.

'오직 성경'의 '오직'은 신앙에 단 하나의 원천과 권위만 있으면 된다는 의미가 아니다. '오직 성경'은 독점, 독재, 독단의 칼이 아니다. '오직 성경'은 아래와 같이 주장하지 않는다.

첫째, '오직 성경'은 성경만이 적법한 신학의 원천이라고 주장하지 않는다. 종교 개혁자들과 그 후예들은 스콜라주의와 인문주의에 정통했고 교부들의 저작을 익히고 인용했다. 그들은 성경과 교회 바깥에서 진리를 발견할 가능성을 부정하지 않으며, 그것도 전부 하나님한테서 나온 빛이라고 인정했다. '오직 성경'은 일반 계시의 부정을 조장하지 않는다.

둘째, 종교 개혁자들이 '오직 성경'의 원칙을 주장했을 때 성경 이외의 지식의 원천들을 배제하려고 의도하지 않았다. 성경 외의 다른 책을 불태우고 다른 지식인을 배척하라는 분서갱유의 근거도 아니다. '오직 성경'은 진리를 알아가는 데 성경이면 충분하다는 해석학적 나태의 명분이 될 수 없다.

셋째, '오직 성경'은 다른 권위를 모두 부정하지 않는다. 성경은 최고의 권위지만 유일한 권위는 아니다. 신앙과 진리의 권위는 다양한 층위로 세워진다. 성경이 하나님의 말씀으로서 최고의 권위를 지니고 그 아래로 전통, 신조, 교회, 목회자, 가장의 권위가 있다. 문제는 최종적인 권위이지 권위의 숫자가 아니다. '오직 성경'은 제도화된 조직과 사회적 권위를 부정하는 교회론적 아나키즘의 명분으로 쓰일 수 없다.

'오직 성경'은 권위를 죽이는 살검(殺劍)이 아니라 권위를 바로잡고 살리는 활검(活劍)이다. 어떤 의미에서도 이 원리는 전통과 권위에 대한 부정의 근거로 인용될 수 없다. '오직 성경'의 칼날은 인간이 세운 권위 자체를 부정하기보다, 교회나 성직자의 가르침이 곧 하나님의 뜻이자 성경의 가르침이라는 그릇된 가정을 도려낸다. 더 나아가 무턱대고 믿으면 된다는 가정, 아무런 해석 활동을 거치지 않고도 성경을 이해하고 삶으로 살아 낼 수 있다는 정당화를 베어 낸다. 교회의 말은 그 자체로 하나님의 말씀일 수 없으며, 다만 하나님의 말씀을 공동체적으로 읽고 해석하고 체현하는 '살아 있는 주석'이어야 한다. '오직 성경'은 그렇게 교회를 살리는 칼이다.

# 5. 사도신조란?

주기도문과 사도신조는 처음 신앙생활을 시작하는 이들이
맞닥뜨리는 고비다. 어렵사리 외우기는 하지만 무슨 뜻인지
알기 어렵다. 주기도문은 예수가 가르쳐 주셨다지만,
사도신조는 언제 누가 어떻게 만들었고 왜 예배에 사용하는
것일까? 예배에서 사도신조를 고백하지 않으면 정통 교회가
아니라는 주장이 있는 한편, 사도신조가 로마 가톨릭교회의
것이므로 개신교회에서 사용하지 말자는 목소리도 들린다.
사도신조, 바로 알고 쓰자.

신조란 교회가 가르치고 그리스도인이 믿는 신앙의 핵심을
일정한 공식으로 표현하여 교회의 공식적인 자리에서
사용하는 신앙고백이다. 교회 초기에 신조는 그리스도인의
신앙을 외적으로 고백하는 언어 상징(symbolum)으로 쓰였다.
교회 안팎에서 이단들이 출현했을 때 신조는 정통과 이단을
가르는 기준이 되기도 했다. 신조는 삼위일체 하나님에 대한
신앙을 고백하는 형식을 취한다. '나는 믿는다'라는 고백을
성부·성자·성령 하나님을 향해 세 번 선언하는 방식이다.
우리가 보통 일컫는 '사도신경'이라는 말에서 '신경'은
경전(canon)을 뜻한다. 공의회에서 정한 신조가 성경의 권위에
버금간다고 여기는 로마 가톨릭교회와 달리, 성경만을
정경으로 인정하는 개신교회는 '사도신경'보다 '사도신조'라고
부르는 게 맞다.

'사도신조'의 유래는 2세기 무렵 로마 지역의 교회에서 회람되었던 '고대 로마 신조'까지 거슬러 간다. 열두 사도가 각각 한 구절씩 작성하여 모은 것이 사도신조라는 전설 같은 이야기가 내려오지만, 실제 사도신조는 누구에 의해 작성되고 어떤 경로로 전해졌는지 밝혀진 바 없다. 신조나 신앙고백서가 공의회나 총회에서 공식적인 인증 절차를 거친다는 점을 참작할 때, 사도신조는 공적 신조로서 갖출 형식적인 조건이 흐릿하다.

서방 교회의 표준이 된 사도신조와 비교할 수 있는 것이 동방 교회의 니케아 신조이다. 니케아 신조는 콘스탄티누스 황제가 사두정치로 분열된 로마를 재통일한 뒤 기독교 신앙을 가지고 정신적이고 문화적인 통일을 꾀하려는 시기에 만들어졌다. 325년에 열린 니케아 공의회는 막 그리스도인으로 개종한 황제가 소집한 기독교 최초의 공의회이자, 로마 제국 전역에서 소집된 총대주교들이 참석한 사상 최대의 공의회였다. 이 자리에서 제국의 교회를 정비하는 중요한 사안들이 결정되었다. 기독교 역사의 가장 중요한 순간에 탄생한 니케아 신조는 정통성과 권위뿐만 아니라 정통 삼위일체론을 둘러싼 신학적 중요성에서도 명실상부한 정통 신앙고백의 표준이다.

광활한 로마 제국은 법과 제도로 통일되어 있었지만, 언어와 문화, 역사의 차이로 인해 실제로는 라틴 문화권인 서방 세계와 헬라 문화권인 동방 세계로 갈라져 있었다. 교회와 신학도 문화, 언어, 지역의 결을 따라 서방 교회와 동방 교회로 나뉘어 서로 다른 전통을 쌓았다. 기독교가 공인되고 이내 제국의 유일한 종교로 군림하게 된 4세기부터 거의 500년 동안 정치·문화·종교의 중심지는 동방의 헬라 세계였다. 니케아 공의회를 주도한 인물이 헬라 교부들이었고 니케아 신조의 언어가 헬라어였음은 말할 것도 없다. 니케아 신조에 대한 서방 교회의 불편함은 단지 헬라어 신조를 라틴어로 번역하는 번거로움에만 있는 것이 아니라 동방 교회의 신학, 사상, 문화에 관한 것이었고, 이런 사정은 9세기까지 이어졌다. 제국의 결속이 느슨해지면서 두 세계 사이의 언어·지리적 격차, 정치·사회·문화적 격차는 좁혀지기는커녕 갈등과 반목으로 더 악화되었다. 그로 인해 니케아에서 정해진 하나의 신조를 고백하는 일치된 교회는 위기를 맞게 된다.

신조의 분리가 실제로 이루어진 것은 위대한 샤를마뉴 대제가 출현하면서였다. 샤를마뉴 대제는 해묵은 서방 세계의 열등감을 반전시킨 인물로, 옛 서로마 제국의 영토와 위세를 회복한 뒤 서기 800년 성탄절 밤에 로마 교황의 추대를 받아 신성 로마 제국의 황제가 되었다. 국력이 쇠한 동로마 제국을 대신하여 기독교 제국으로서 옛 로마 가톨릭교회의 영광을 되찾겠다고 선언한 것이다. 새로운 시대는 신앙에도 새로운 기준을 요구했다. 샤를마뉴 대제는 813년에 니케아 신조 대신 고대 로마 신조를 복원하여 지금과 같은 사도신조의 형태로 가다듬고, 로마 가톨릭교회의 공식 신앙고백으로 공표했다. 그렇게 니케아 신조 대신 사도신조가 서방 교회의 표준으로 등극했다.

사도신조의 유래는 로마 가톨릭교회의 역사와 뗄 수 없지만,
그렇다고 그들의 것이라 말할 수는 없다. 기독교의 신앙고백은
어느 특정한 전통에 의해서 독점되거나 소유될 수 없기
때문이다. 사도신조는 보편 교회의 신앙고백이다. 종교
개혁자들은 보편 교회의 신앙고백으로 사도신조를 사용하는
데 주저하지 않았다. 1563년에 만들어진 하이델베르크
요리문답이 좋은 예이다. 복음의 따뜻한 위로와 비범한 권위가
어우러진 하이델베르크 요리문답은 제22문에서 그리스도인이
믿을 모든 것이 요약된 정수가 사도신조라고 선언한다.
총 129문으로 구성된 요리문답은 무려 36개의 문항을
할애하여 사도신조의 구절을 하나하나 해설하고
성부·성자·성령의 존재와 사역에 대한 정통 신앙을 밝힌다.

사도신조는 교회의 귀중한 자산으로 존중받고 올바르게
쓰여야 한다. 신자들이 예배 가운데 한목소리로 '우리의'
신앙을 고백하는 것은 특별한 경험이다. 기도하듯 눈을 감고
읊조리는 암송보다는 눈을 뜨고 서로 호흡과 시선을 맞추는
낭송이 더 적합하다. 또한 사도신조 사용 여부를 정통과
이단의 기준으로 삼기보다, 사도신조가 담은 삼위일체 신앙을
믿고 고백하는지에 관심을 기울여야 한다. 교회와 예전
곳곳에는 삼위일체 신앙이 새겨져 있다. 사도신조는 그중
하나이지 전부가 아니다.

# 6. 사도신조에서 "음부(지옥)에 내려가사"라는 문구가 빠진 이유는?

사도신조에는 번역본에 따라 들어가기도 하고 빠지기도 하는 문구가 하나 있다. 바로 "음부에 내려가사"라는 구절이다. 한글 번역에서 빠져 있는 이 문구는 어떤 사연을 가지고 있을까?

사도신조는 가장 오래된 문서인 만큼 여러 판본과 다양한 양식으로 전해졌다. 2세기 무렵의 사도신조 초기 판본과 관련 자료에는 "음부에 내려가사"라는 문구가 보이지 않는다. 이 문구가 처음 등장한 것은 390년경 이탈리아의 북쪽 아퀼레이아 지역에서 사용된 '아퀼레이아 양식'(Aquileian form)이다. 그 후로 이 구절은 들쭉날쭉 사용되다가, 9세기에 사도신조가 서방 교회의 신앙고백으로 정착될 때 '공인된 원문'(Forma Recepta)의 문구로 자리 잡았다. 종교 개혁 이후 루터교회, 장로교회, 성공회 등 개신교회들은 공인된 본문을 존중하여 사도신조를 자국의 언어로 번역할 때 "음부에 내려가사"라는 구절을 삭제하지 않았다. 대부분의 사도신조 영역본들도 라틴어 원본의 표현을 "He descended into hell"이라고 번역했다. 다만 존 웨슬리가 창시한 감리교는 신학적 해석의 차이로 이 문구를 삭제한 사도신조를 사용하였다.

사도신조의 한글 번역에서 '음부에 내려가사'라는 문구가 삭제된 것은 선교 연합이라는 전략적 선택 때문이다. 장로교 선교사 H. G. 언더우드가 1894년에 사도신조를 우리말로 번역해 출간한 찬양가만 해도 "디옥에 나리샤"라는 구절이

69

들어 있었고, 1905년 장로교 선교사 협의회에서 발간한 찬양가에도 "음부에 나리셨더니"라는 구절이 들어 있었다. 그러나 1908년에 장로교와 감리교가 연합 찬송가를 출간하면서, 이 문구가 빠진 사도신조를 오랫동안 사용해 왔던 감리교 측의 처지를 반영해 최종적으로 그리스도의 지옥 강하 문구가 빠지게 되었다. 아무리 선교 연합의 차원에서 장로교 측이 감리교 측의 입장을 수용했다고 하더라도, 이 문구에 대한 신학적 해석이 달랐다면 문구 삭제가 합의될 순 없었다. "음부에 내려가사"는 단지 표현의 문제가 아니라 신학적 해석의 문제와 결부되기 때문이다.

그리스도의 지옥 강하를 문자적으로 해석하는 이들은 아래의 성경 구절들을 근거로 든다.

> 미리 본 고로 그리스도의 부활을 말하되 그가 음부에 버림이 되지 않고(행 2:31).

> 올라가셨다 하였은즉 **땅 아래 낮은** 곳으로 내리셨던 것이 아니면 무엇이냐(엡 4:9).

> 그가 또한 영으로 가서 옥에 있는 영들에게 선포하시니라 그들은 전에 노아의 날 방주를 준비할 동안 하나님이 오래 참고 기다리실 때에 복종하지 아니하던 자들이라 방주에서 물로 말미암아 구원을 받은 자가 몇 명뿐이니 겨우 여덟 명이라(벧전 3:18-19).

로마 가톨릭교회는 그리스도께서 십자가에서 돌아가신 후 부활하기 전 사흘 동안 노아 홍수 때 죽은 자들을 포함하여 구약의 성도들이 있는 '선조 림보'로 가셔서 복음을 전하셨다고 주장한다. 개신교회 중 일부는 그리스도께서 사흘 동안 지옥에 내려가 사단과 흑암의 세력들에게 승리를 선포하셨다고 하거나(루터파), 의인들의 거처인 낙원에 가셔서 진리를 분명하게 설파하셨다고(성공회) 해석한다.

대부분의 개신교 신학은 '그리스도의 지옥 강하'를 문자적으로
보지 않고 상징적인 의미로 받아들인다. 그리스도께서
실제로 스올이나 지옥과 같은 특정한 공간에 내려가심을
의미한다기보다 '십자가 죽음과 부활 사이에 그리스도께서
겪으신 지옥 같은 고통과 죽음의 상태'를 묘사한다고
해석하는 것이다. 웨스트민스터 대요리문답 제50문도 "음부에
내려가사"라는 표현이 "그리스도께서 죽으신 후 죽은 자
가운데서 3일 동안 사망의 권세 아래 계속 머물러 있었던 것을
가리킨다"라고 해설한다.

6

해석의 차이와 별도로 "음부에 내려가사"라는 문구를
삭제하느냐 마느냐는 결이 다른 논쟁거리이다. 삭제파는
"음부에 내려가사"라는 표현 자체가 실제로 그리스도의 영이
지옥이나 림보로 내려갔다는 오해를 불러일으킬 소지가
많다고 주장한다. 예배에서 반복적으로 암송하고 고백하는
사도신조에서 성경의 가르침과 어긋나는 의미로 받아들여질
가능성이 큰 문구를 삭제해서 오해의 소지를 미리 방지하자는
것이다. 하지만 대다수 개신교회와 신학자들은 이 문구를
생략하는 일에 동조하지 않았다. 공의회에서 공인된 문서가

성경만큼의 권위를 가지지 않지만, 그렇다고 교회가 지켜 온 신앙고백의 유산을 함부로 편집할 만큼 전통을 무시해서는 안 되기 때문이다. 보존파는 문제의 문구를 없애 버리기보다 올바른 해석을 통해서 바르게 가르치는 길을 택했다. 칼뱅의 표현을 빌리자면, 이 문구에는 "가장 중요한 문제에 관한 유용하고도 결코 무시할 수 없는 신비"가 담겨 있으므로 "만일 이 문구가 생략된다면 그리스도의 죽으심의 많은 유익이 상실되기" 때문이다《기독교 강요》, 2.16.8). 이미 그리스도인들의 예배에 친숙해진 신조의 언어를 삭제하기보다 그 참된 의미를 밝혀 주는 편이 훨씬 유익하다고 본 것이다.

하이델베르크 요리문답의 제44번 문답은 사도신조의 문구를 성경적으로 이해하고 활용하는 해석적 지혜를 보여 준다.

> 제44문: "음부에 내려가사"라는 구절이 왜 덧붙여져 있습니까?

> 답변: 내가 가장 큰 슬픔과 시험을 당하는 중에도, 나의 주 예수 그리스도께서 그가 당하신 모든 고난, 특히 십자가에서 겪으신 말할 수 없는 고뇌와 고통과 공포와 두려움을 통해 지옥의 두려움과 고통으로부터 나를 구원해 주셨다는 사실을 확신하고 위로를 얻게 하기 위함입니다.

이 문구가 오해와 혼동을 일으킬 수도 있지만, 바꿔 생각해 보면 이 문구로 인해서 우리는 그리스도의 고난과 죽음의 의미를 더 심오하게 이해할 수 있다. "음부에 내려가사"를 읊조리며 '그리스도께서 나를 위해 지옥에 내려가셨으므로 나와 너, 우리는 지옥에 갈 필요가 없다'는 진리를 묵상한다. 구원의 확신과 위로에 이보다 더 좋은 고백이 있을까?

신론

# 7. 성경에 삼위일체란 용어가 나오지 않는데 어떻게 삼위일체 교리가 생겼을까?

삼위일체 교리는 기독교 신학에서 가장 심오하며 아름다운 진리이다. 삼위일체 교리는 기독교 계시의 심장에 비유된다. 그리스도인과 교회의 신앙, 실천, 신학, 예전, 송영의 삶, 어디나 삼위일체의 박동이 울리기 때문이다. 하나님의 신비를 표현하는 삼위일체라는 용어와 교리는 어떻게 생겨난 걸까?

'삼위일체'는 신학자들에 의해서 만들어진 용어다. 최초의 고안자를 찾기란 쉽지 않지만, 2세기 무렵 안디옥의 주교였던 테오필루스가 쓴 '트리아스'(trias)라는 헬라어 표현이 그나마 가장 오래된 흔적이다. 우리가 사용하는 삼위일체(trinity)라는 표현은 3세기 초반에 서방 라틴 세계에서 활약한 평신도 신학자 테르툴리아누스가 사용한 라틴어 '트리니타스'(trinitas)에서 유래한다. 테르툴리아누스는 이 용어와 함께 '한 본질 세 위격'이라는 삼위일체 공식(formula)을 창안하였다. '삼위일체'라는 용어나 '한 본질 세 위격'이라는 공식은 구원 계시에서 알려진 하나님에 관한 진리를 압축한 표현이다. 성경은 시종일관 '오직 한 하나님이 계신다'고 말하면서 하나님의 단일성을 선언한다. 동시에 성경은 하나님의 실재가 아버지(성부)와 예수 그리스도(성자)와 성령으로 나타났다고 말한다. 하나님에 대한 성경의 계시는 아래의 일곱 명제로 정리된다.

1. 성부는 하나님이다.

2. 성자는 하나님이다.

3. 성령은 하나님이다.

4. 성부는 성자가 아니다.

5. 성자는 성령이 아니다.

6. 성령은 성부가 아니다.

7. 유일하신 한 하나님이 존재한다.

일곱 명제를 하나의 용어로 '삼위일체'라고 부르고, 하나의 공식으로 '한 본질 세 위격'이라고 쓴다. 삼위일체의 용어와 공식은, 한편으로 신앙고백과 예배에서 그리스도인이 믿는 하나님을 부르는 표현이고, 다른 한편으로 기독교 이단을 반박하고 분별하는 표식이었다. 그렇기에 삼위일체의 공식은 하나님의 신비를 벗기는 열쇠가 아니라 하나님의 신비에 다가서는 발판이다. 아우구스티누스의 말처럼, 삼위일체를 말하는 것은 하나님을 정확하게 표현해 내기 위함이 아니라 하나님에 대해 침묵하지 않기 위해서이다. 구원 역사와 성경 계시를 통해 우리에게 알려진 진리에 이름과 설명을 붙이지만, 그 지칭 너머의 하나님은 여전히 인간의 논리와 경험을 초월해 계신다.

삼위일체라는 용어나 공식이 만들어지기 전에도 교회는 삼위일체로 계신 하나님을 믿고 고백하였다. 기독교회는 신명기 6장 4절 "이스라엘아 들으라 우리 하나님 여호와는 오직 유일한 여호와시니"에 계시된 구약의 유일신 신앙을 토대로 출발하였다. 하지만 교회의 신앙고백이 유일한 하나님을 고백하는 데 그쳤다면 기독교는 유대교의 분파에 머물렀을 것이다. 교회는 예수 그리스도의 주 되심을 고백함으로써 유대교의 유일신 신앙을 넘어섰다. 예수 그리스도를 주(헬라어 퀴리오스)로 고백한다는 것은 그분이 야훼 하나님이심을 믿는다는 의미이다. 유대인들에게 주(히브리어 아도나이)라는 칭호는 야훼와 동격이었다. 또한 교회는 하나님이 성령을 통해 백성 가운데 임하심을 경험하였다. 예수 그리스도와 다른 '보혜사'이시며 하나님의 영광과 능력으로 임재하신 성령 하나님이 계셨다. 이렇듯 유일하신 하나님을 믿는 유대교의 유산에 예수 그리스도와 성령에 대한 교회 공동체의 경험이 만나서 생긴 삼위일체 신앙은 기독교회의 예배와 신앙을 독특하게 만들었다. 교회는 성부와 성자와 성령의 이름으로 세례를 준다. 사랑의 아버지와 은혜의 주 예수 그리스도와 서로 교통케 하시는 성령 하나님을 고백한다. 세 번의 거룩과 세 번의 영광을 외쳐 송영을 돌리고, 세 번의 '크레도'(5번째 질문 '사도신조란?' 참고)를 신조의 기본적인 양식으로 삼는다.

이미 교회는 삼위일체 하나님을 고백하고 있었는데 굳이 난해한 용어와 공식, 신학적 해설을 덧붙일 필요가 있었을까? 기독교 교리는 한순간에 완성된 형태로 생기지 않는다. 교리와 신학은 계시된 하나님의 진리를 완전하게 이해하려는 믿음의 시도이기에 끊임없이 발전하며 더 나은 이해를 추구한다. 삼위일체 교리는 도전과 응전의 역사 속에서 발전했다. 기독교 초기에 발흥한 이단들은 주로 예수 그리스도의 신성이나 성부와 성자의 관계를 문제 삼았다. 거의 모든 이단이 '삼위일체론 이단이자 기독론 이단'이라고 해도 무방하다. 기독교 신앙의 정수를 지켜 내고자, 위대한 신학적 영웅들은 기독교 역사에서 가장 오랫동안 치열하게 삼위일체 논쟁을 펼쳤다.

장담컨대 삼위일체 교리는 신학적 사변의 산물이 아니다. 삼위일체 교리는 성경 계시와 복음의 메시지가 우리에게 전하는 하나님의 존재와 삶의 신비를 경건한 마음으로 받아들이게 하는 그릇이다. 성부와 성자와 성령 하나님에 대한 어떠한 개념이나 신학도 하나님을 철저하게 분석하거나 완전하게 파악할 수 없다. 그럼에도 삼위일체 교리는 우리의 이해와 지식 너머에 계신 하나님을 예배하고 이 세계와 생명을 만드신 하나님의 삶을 엿봄으로써 하나님의 신비로 한발짝 다가서도록 돕는다.

## 8. 하나님의 하나 됨과 셋 됨을
## 설명하는 방법은 하나일까?

삼위일체로 존재하시는 하나님은 우리의 인식을 초월하는
신비다. 하나님은 그 신비의 베일을 슬쩍 들춰서 자신을 알려
주셨고 무한을 알고자 하는 유한의 추구가 그렇게 시작되었다.
문제는 '유한은 무한을 담을 수 없다'는 격언이 말해 주듯
삼위일체를 계시하는 영원한 빛이 우리의 이해와 감각 안에
다 담기지 않는다는 데 있다. 삼위일체의 신비는 하나님의
계시로부터 알려졌지만, 그 신비를 이해하는 우리의 말은
'그것은 이렇다'라는 절대적(univocal) 언명일 수 없고 다만
'그것은 무엇과 비슷하다'라는 유비적(analogical) 표명일 수밖에
없다. 하나님의 하나 됨과 셋 됨에 대한 유비들을 살펴보자.

신학자들은 여러 가지 유비를 가지고 삼위일체의 신비를
설명하려고 했다. 그 유비들은 하나님의 하나 됨을 기준으로
셋 됨을 해명하느냐, 셋 됨을 기준으로 하나 됨을 설명하느냐에
따라 달라졌다.

2세기 교부 이레니우스는 성자와 성령이 '창조와 구속을
행하시는 성부 하나님의 두 손'(two hands)과 같다고 했다. 두
손은 한 몸에 속한 지체이므로 하나님의 하나 됨을 전제로
두 위격을 붙여서 셋 됨을 설명한 것이다. 삼위일체 정식을
창안한 테르툴리아누스는 하나의 본체인 태양에서 빛과
열이 나오듯이 성부의 본체에서 성자와 성령이 나온다고
비유했다. 테르툴리아누스도 본체의 하나 됨을 기준으로 삼고

그것이 발현되는 방식(양태)을 빛과 열로 나누어 세 위격을 설명한 것이다. 서방의 위대한 교부 아우구스티누스는 창조 세계에서 하나님을 가장 많이 닮은 존재, 즉 하나님의 형상인 인간 안에서 삼위일체의 유비를 찾아야 한다고 보았다. 그는 한 인간 안에서 기억, 이해, 의지가 서로 맞물려 작용하는 것처럼 삼위일체도 분리될 수 없는 세 위격이 하나의 실체로 존재한다는 '심리학적 유비'를 내놓았다.

앞에서 언급한 세 교부가 삼위일체를 설명하는 방식은 '하나님의 하나 됨을 중심으로 셋 됨을 말하기'이다. 반면 삼위일체 신학의 본산인 동방의 교부들은 하나님의 셋 됨을 중심으로 하나 됨을 해명하려고 했다. 삼위일체 신학을 찬란하게 개화시킨 카파도키아 교부들의 맏형격인 카이사리아의 바실리우스는 하나님의 하나 됨이 다름 아닌 '친교의 공동체성'이라고 주장했다. 성부와 성자와 성령의 세 위격을 전제로 삼위 하나님의 하나 됨이 서로에게 완전하게 일치하는 공동체적 교제라고 본 것이다. 그의 절친인 나지안조스의 그레고리우스는 삼위 하나님의 하나 됨은 아담과 하와와 셋이 다른 사람이면서 동시에 한 가족을 이룬 것과 비슷하다고, 바실리우스의 주장을 비유로 풀었다.

물그림자로 반영된 사물을 보고 말하는 것은 진실일까,

거짓일까? 삼위일체의 유비들은 수면에 반영된 달을 보고 그것을 묘사하려는 시도와 비슷하다. 삼위일체의 유비는 신비의 베일을 벗겨 내지 못하고 그대로 덮어 둔 채 가늠한다. 그렇기에 삼위일체의 모호한 유비들은 하나님의 신비에 대한 우리의 갈증을 다 채워 줄 수 없다. 어느 비유도 완벽하거나 만족스럽지 못하다. 무엇보다도 인간은 '하나이면서 셋인 존재'를 공감하거나 이해할 수 없다. 인간의 경험에 비추어 볼 때 하나 됨을 이해하는 데 셋 됨은 방해가 되고, 셋 됨을 알고 나면 하나 됨이 아리송해진다. 인간에게는 한 본질이 한 위격과 결합하는 것이 자연스럽기 때문이다. 유비는 인간이 이해하기 힘든 것을 묘사하고 표현하는 반영의 언어이다. 유한한 인간이 무한한 하나님을 알고자 하는 한, 삼위일체의 유비는 불가피하지만 부족하고, 모호하지만 긴요하다.

삼위일체의 신비를 반영하는 가장 아름다운 유비는 동방 교회가 낳은 최고이자 최후의 신학자 다마스쿠스의 요한의 손끝에서 풀려나왔다. 그는 요한복음에 나오는 삼위일체 하나님의 형언할 수 없는 상호 내주와 교제의 계시에 사로잡혔다.

> 아버지여, 아버지께서 내 안에, 내가 아버지 안에 있는 것
> 같이 그들도 다 하나가 되어 우리 안에 있게 하사 세상으로
> 아버지께서 나를 보내신 것을 믿게 하옵소서(요 17:21).

다마스쿠스의 요한은 '아버지와 아들이 서로 안에 있는 삶'을 묘사하려고 '페리코레시스'라는 독특한 개념을 사용했다. '셋이 돌면서 서로에게 공간을 내어 준다'라는 뜻의 헬라어 페리코레시스는 그 자체로 의미가 종결되는 논리어가 아니라 특정한 이미지와 결합되어야 비로소 뜻이 와닿는 연상어이다. 페리코레시스는 세 사람이 손을 맞잡고 원형의 춤을 추는 '윤무'(輪舞) 또는 세 사람이 원탁에 마주 앉아서 주고받는 '담화'(談話)를 연상시킨다. 윤무를 추는 무용수들은 따로 또

같이 움직이며 하나의 춤, 하나의 연기, 하나의 표상을 만든다. 셋은 하나가 되어 돌면서 한 몸처럼 뭉치는 듯하다가 어느새 떨어져서 각자의 개성을 표현한다. 나아감과 물러남, 어울림과 두드러짐을 오가는 역동적인 몸짓이 펼쳐진다. 서로의 개성이 구별되다가도 뗄 수 없는 존재처럼 하나의 심상을 표현하고, 동등해 보이다가도 한쪽이 다른 쪽을 위해 희생하고, 다시 동작과 역할을 뒤바꾸기도 한다. 윤무의 춤사위에서는 홀로 추는 독무가 도저히 흉내 낼 수 없는 역동적인 에너지, 섬세함과 우아함, 카리스마와 신비감, 조화와 어울림의 생명력이 빚어진다.

페리코레시스는 원래 나지안조스의 그레고리우스가 그리스도 안에서 완전히 연합되는 신성과 인성을 설명하려고 쓴 개념인데, 다마스쿠스의 요한이 이를 삼위일체론에 적용시켰다. 다마스쿠스의 요한에게 성부와 성자와 성령의 삶은 페리코레시스의 춤처럼 보였다. 삼위 하나님이 나누는 사랑의 사귐으로 인해 성부는 성자 안에 계시고, 성자는 성령 안에 계시고, 성령은 성부와 성자 안에 계신다. 성부와 성자와 성령은 서로의 구별을 포기하지 않는 방식으로 존재하면서, 동시에 각각의 신적 인격들 속에 서로 온전히 스미고 침투하고 둘러싸여 있다. 페리코레시스는 우리에게 하나님의 삶이 적막과 고립의 부동(不動)이 아니라 서로 안에서 서로와 함께 서로를 향해 흐르고 통하고 품고 안기는 사랑과 공동체의 역동(力動)임을 보여 준다. 하나님은 춤추시는 하나님이시다.

피조 세계에서 찾아볼 수 없는 하나님의 영원한 삶을 가늠하고자 생각해 낸 페리코레시스는 비록 유비의 언어이지만 곱씹다 보면 신기하게도 우리의 삶이 하나님의 페리코레시스적 삶에서 출발하고 또 거기로 수렴함을 깨닫게 한다. 그렇게 유한은 무한에 담긴다.

# 9. 하나님이 독생자 예수를 낳았다는 말은 무슨 뜻일까?

신학의 난해함은 신학 언어의 모호함 탓이 크다. '성부가 성자를 낳았다'는 표현도 그중 하나다.

성경은 하나님과 예수 그리스도를 각각 아버지와 아들이라는 호칭으로 계시한다. 예수 그리스도의 아들 되심은 아버지이신 하나님이 "이는 **내 사랑하는 아들**이요 내 기뻐하는 자라" 말씀하시며 증명하시고(마 3:17), 하나님의 아버지 되심은 아들이신 예수가 자신을 보낸 분이 아버지 하나님이시라 말씀하심으로 증거하신다. 예수는 자신과 아버지가 창세전부터 서로 안에 거하여 영원히 하나 됨의 관계를 누린다고 말했다. 이로부터 요한은 성육신하신 말씀이 바로 아버지의 독생자라고 선언한다.

> 말씀이 육신이 되어 우리 가운데 거하시매 우리가 그의 영광을 보니 **아버지의 독생자**(monogennes)의 영광이요 은혜와 진리가 충만하더라(요 1:14).

유일한 출생이란 뜻의 헬라어 '모노게네스'는 바울이 사도행전 13장 33절에서 시편 2편 7절을 인용하며 아버지와 아들의 관계를 묘사할 때 사용한 '낳음'이라는 용어와 일맥상통한다.

> 곧 하나님이 예수를 일으키사 우리 자녀들에게 이 약속을 이루게 하셨다 함이라 시편 둘째 편에 기록한 바와 같이 **너는**

내 아들이라 오늘 너를 낳았다 하셨고(행 13:33).

고전적 삼위일체론은 이런 성경 계시를 토대로 삼위 하나님의 내적 관계를 세 가지 명제로 정리했다.

> 1. 성부는 출생하지도 않으시고(agennetos) 발출하지도 않으신다. (성부는 성자를 낳으시고 성령을 발출하신다.)
> 2. 성자는 성부로부터 출생하셨다(gennetos).
> 3. 성령은 성부로부터 발출하셨다(ekporeusis).

이 명제들로부터 아버지와 아들의 관계를 '기원의 문제'로 보느냐 '관계의 문제'로 보느냐에 따라 전혀 다른 해석이 나온다.

알렉산드리아의 사제였던 아리우스는 이 명제를 기원의 문제로 해석했다. 아리우스는 성자가 성부로부터 출생했다는 것은 성부가 성자보다 우월하고 성자는 성부에게 종속된 존재임을 의미한다고 주장했다. 아들이 출생했다는 것은 출생하지 않은 때가 있다는 의미이고, 출생하지 않은 아버지와 본질이 동일할 수 없다는 것이다. 이런 논리로 아리우스는 만물의 근원이신 아버지가 시작이 없고 자존하신 반면 '아들은 존재하지 않았던 때가 있었다'고 주장하면서 기독교 역사상 가장 치열한 삼위일체 논쟁을 일으켰다. 아리우스에 의해 '아버지에 의한 아들의 출생'은 '아버지에 의한 아들의 창조'로 재해석되었다. '아버지가 아들을 낳았다'는 계시를 '아버지가 아들을 창조했다'로 읽은 셈이다. 이런 논리를 통해 아리우스는 그리스도가 만물보다 선재하고 만물 위에 뛰어나며 높임을 받으신 분이지만 그럼에도 하나님과 동일한 본질을 가지지 않은 피조물이라고 주장했다.

니케아 공의회에서 아리우스의 주장을 반박하고 니케아 정통 삼위일체론을 확립한 아타나시우스는 '아버지와 아들'이나

'아들의 출생'과 같은 표현이 하나님의 기원이나 본질을
지시하는 게 아니라고 보았다. 하나님과 관련된 언어는
하나님의 본질을 직접 지시하는 게 아니라 다만 하나님의
내적 관계(삶)를 넌지시 암시할 뿐이다. 예를 들어 누군가
자신이 '선생님'이라고 알려 주었다면 우리는 그 호칭으로부터
그 사람의 본질을 알아내기보다 학생들과 맺고 있는 관계와
그 관계 속에서 행하는 교사의 활동을 짐작할 수 있다. 이와
마찬가지로 성경이 '아버지에 의한 아들의 출생'이란 인간의
언어를 빌어 하나님과 그리스도의 영원한 관계를 계시할 때,
그것은 성자의 존재적 기원이 아니라 '성부와 성자의 영원한
관계'를 알려 준다. 이런 이유로 정통 삼위일체론자들은
'아버지에 의한 아들의 출생'이 아들의 피조성을 의미하지
않는다고 단언했다. '영원한 출생'은 다른 모든 피조물의
창조와 달리, 성부와 성자가 동일한 하나님의 본체로서 영원한
연합 안에 거하심을 말해 준다. 하나님은 영원 속에서 항상
아버지로 존재하셨고 아들도 항상 아버지 안에 존재하셨다.
아버지라는 이름은 본질의 이름이 아니라 관계의 이름이며,
마찬가지로 아들도 아버지와 관계하는 방식을 가리킨다.

9

하나님은 자신을 계시하실 때 인간의 언어에 자신을
맞추신다(16번째 질문 '언약이란?' 참고). 인간은 자신을 닮은
이야기라야 귀를 기울이고 알아듣기 때문이다. "하나님의

권능의 손", "하나님의 낯", "하나님의 입김"과 같은 말은
하나님을 인간의 방식대로 표현하는 신인동형론이다.
삼위 하나님의 내적 관계를 표상할 때 쓰인 말 "내가 너를
낳았도다", "하나님의 독생자"와 같은 표현도 신인동형의
언어이다. 신인동형의 언어는 표면이 아니라 심층의 뜻을
헤아려 읽어야 한다.

인간의 차원에서 '낳음'은 분명 아들이 아버지에게 종속된
존재라고 읽을 수 있는 단서이다. 하지만 신인동형적 언어로
보면, '창조'로 맺어진 하나님-피조물 관계와 달리 '낳음'으로
맺어진 성부-성자 관계는 그 둘이 동일한 본질(신성)을
공유한다는 의미로 읽혀야 한다. 아리우스의 패착은 '아버지에
의한 아들의 출생'이라는 신인동형의 언어를 지나치게
철학적인 존재론의 틀에 욱여넣으려 했다는 데 있다.
아리우스의 더 큰 패착이 또 있다. '아들'이나 '낳음'과 같은
신인동형의 계시가 바로 하나님이 영원한 아들을 통해 인간을
부르시고 그 아들과 연합시켜 자녀로 입양할 구속 계획의
묘수였음을 놓쳤다는 점이다. 우리의 눈높이로 낮춰지고
우리의 감각에 맞춰진 신인동형의 언어는 하나님의 신비를
알려 주는 다리이자 동시에 그 신비에 접근하기 어려움을
상기시켜 주는 장벽이다. 말의 시작과 끝이 아니라 그 중간에
서 있는 인간은 계시와 신학의 언어 앞에서 겸손하고 신중해야
한다.

# 10. 예배와 기도 중에 부르는 '하나님'에는 예수 그리스도도 포함될까?

이런 노래가 있었다. "예솔아 할아버지께서 부르셔. 예, 하고 달려가면 너 말고 네 아범(어멈)." 할아버지가 자기 이름으로 아빠나 엄마를 부르기도 한다는 걸 모르는 손녀의 어리둥절함을 재미있게 표현한 가사다. 기독교 신앙을 처음 접한 이들도 간혹 '호칭 문제'로 어리둥절할 때가 많다. 예배나 기도에서 부르는 '하나님'이나 '주님'이 성부 하나님을 가리키는 것 같기도 하고 성자 그리스도를 가리키는 것 같기도 하고 심지어 둘 다를 가리키는 것 같기도 해서이다. 예배와 기도의 호칭에 숨은 신학을 들여다보자.

예배와 기도의 대상이 성부 하나님이란 데에 이견이 없다. 문제는 예수 그리스도가 경배와 기도의 대상이냐는 것이다. 그리스도의 정체성(예수 그리스도가 누구인가)에 대한 신학적 결론이 그와 관련된 예배 언어에 영향을 미칠 수밖에 없다.

기독론과 삼위일체론에 니케아 공의회가 빠지면 섭섭하다. 기독교 역사에서 예수의 신성을 확립한 결정적인 분기점이 니케아 공의회이기 때문이다. 니케아 공의회 이전에도 그리스도인들은 예수 그리스도를 하나님으로 고백하고 예배했다. 초대 교회에서 찬양과 기도는 일반적으로 '예수 그리스도를 통해 하나님께' 드려지는 중재 양식이었다. 본격적으로 삼위일체 논쟁이 벌어지기 이전, 기독교회에서는 '예수 그리스도는 하나님이시다'라는 신앙고백과 '예수 그리스도를 통해 하나님께 찬송하고 기도한다'는 중재 예전이 상충하지 않고 공존하였다. 별 문제 없이 공존하던 신학과 예배 사이에 균열이 생긴 것은 니케아 공의회부터이다.

니케아 공의회는 아리우스 이단의 주장을 반박하고 정통 삼위일체 교리를 선언하였다(9번째 질문 '하나님이 독생자 예수를 낳았다는 말은 무슨 뜻일까?' 참고). 알렉산드리아의 성직자였던 아리우스는 '성자가 하나님이 아니'라는 대담한 주장을 펼쳤다. 그 근거인즉 성자이신 예수 그리스도가 '존재하지 않은 때가 있었던' 고로, 영원하신 성부와 다른 본질(heteroousios)을 지닌 존귀한 피조물이라는 것이다. 따라서 아리우스는 예수가 예배와 기도의 대상이 될 수 없다고 주장했다. 그리스도는 인간보다 훨씬 높고 만물 위에 뛰어나지만, 하나님과 다른 본질을 지닌 피조물이기에 경배와 기도의 주인이 될 수 없다는 것이다. 아타나시우스와 총대주교들은 아리우스의 교묘한 논리를 반박하고 성부와 성자가 '동일 본질'(homoousios)이심을 확정하고 정통 삼위일체론을 정립하였다. 성자가 성부와 동일한 하나님이시라면, 예수 그리스도는 경배와 기도를 받기에 합당하시다. 삼위일체론의 '동일 본질'이 예배에서의 '동일 칭송'(homotimos)으로 이어진 셈이다.

니케아 삼위일체론이 확립된 이후에 기독교회의 예배에서 그리스도와 성령께 감사와 찬양을 돌리는 전례가 발전되고 확대되었는데 이런 경향은 서방 교회보다 동방 교회에서 더 현저하게 나타났다. 동방 교회의 신학과 예전은 '중보하시는 대제사장이신 그리스도'보다 '하나님이신 그리스도'를 더 강조했고, 그럴수록 초대 교회에서 나타났던 중재 예전은 점점 희미해졌다. 초대 교회의 중재 예전은 니케아 삼위일체론의 영향이 상대적으로 약했던 서방 교회를 통해서 계승되었다. 동방 신학이 삼위일체론을 중심으로 삼는 데 비해 서방 신학은 구원론에 더 관심을 기울였다. 이에 따라 서방 교회는, 하나님과 인간 사이의 중보자이신 그리스도가 아버지를 영화롭게 하듯이, 신자들은 그리스도의 중재를 통해서 그리스도와 함께 아버지께 감사와 찬양과 기도를 드려야 한다고 가르쳤다. 예배와 예전에서 모든 영광과 존귀와 찬양은 '그리스도를 통해, 그리스도와 함께, 그리스도 안에서' 성부 하나님께 돌려져야 했다. 기도의 형식도 주 예수 그리스도의 이름을 통해 아버지께 구하는 방식을 취했다. 이런 서방 교회 전통을 따라 개신교회의 예배도 '그리스도를 통해 성령 안에서 하나님을 영화롭게 하는' 중재 양식을 기본으로 한다.

## 10

하지만 동방 교회의 니케아 예전 양식과 서방 교회의 중재 양식은 서로 배척하는 양자택일의 관계는 아니다. 둘은 그리스도가 지닌 이중성을 반영해 주는 양각의 조명이다. 그리스도는 성부와 하나이신 영원한 하나님이시고, 동시에 성부와 인간 사이에 하나뿐인 중보자이시다. 그는 영원부터 성부와 동등한 존재로 계시는 삼위일체의 두 번째 위격이시자, 동시에 하나님과 피조물의 화해를 위해 성육신하시고 십자가에서 죽으시고 부활하신 중보자이시다. 니케아 예전이 강조하는 '우주 만물의 머리로서 선재하신 영원한 아들'은, 중재 예전이 강조하는 '성육신하고 부활하셔서 교회의 머리가 되신 그리스도'와 동일한 분이다. 니케아 예전과 중재 예전이 서로 통할 수 있는 이유는 가리키는 대상이 같기 때문이다. 개신교회가 예수 그리스도와 성령의 중보 사역을 통해서 하나님께 기도하고 경배할 때 그 기도와 경배를 통해 성부와 성자와 성령은 함께 영광을 받으신다. 마찬가지로 동방 정교회의 신자가 성자께 기도하고 영광 돌리는 것도 그리스도의 중보를 통해 아버지 하나님께 나아가는 구원의 신비를 찬미한다.

'기도의 법이 신앙의 법이다'(Lex orandi, lex credendi)라는 오래된 경구처럼, 예배의 형식은 신학을 반영하고 신학은 예배의 규범을 결정한다. 하지만 시(詩)와 같은 예배 언어는 산문과 같은 신학 언어와 완벽하게 호환될 수 없다. 오랜 세월 동안 반복되며 일정 형식으로 굳어진 예배의 언어에 비해 신학은 쉽게 수정되고 변이하지만, 예배든 신학이든 하나님의 신비와 구원의 신비를 온전하게 담아낼 수 없다는 점에는 매한가지다.

인간론

# 11. 하나님은 왜 인간 외에 다른 영적 존재들을 지으셨을까?

20세기 최고의 기독교 변증가 C. S. 루이스는, 악마의 존재를 믿지 않는 현대인들에게 타락한 영적 존재가 여전히 활동한다는 사실을 알리려고 《스크루테이프의 편지》를 썼다고 한다. 이 책에서 노련한 선임 악마 스크루테이프는 조카인 새내기 악마 웜우드에게 인간을 유혹하고 시험에 빠뜨리는 비법을 전수한다. 실제로 이 책은 천사와 악마의 존재를 믿는 성경적 신념에서 쓰였다. 성경에 나오는 천사와 악마 같은 인간 외의 영적 존재를 하나님은 왜 창조하셨을까?

인간은 고립된 야생에서 인간으로 살아갈 수 없다. 무인도에 표류한 로빈슨 크루소가 살아남을 수 있었던 것은 문명 세계의 지식과 기술을 이미 습득하고 있었기 때문이다. 갓 태어난 아기는 절대 야생에서 살아남을 수 없을 것이다. 인간의 삶이 유지되기 위해서는 소위 인간 실존의 구조(the structures of human existence)가 필요하다. 인간이 인간으로서 생존하며 공동체를 이루고 세대를 이어 발전하려면 정치 체제, 경제 제도, 결혼 문화와 가족 제도, 교육과 문화 등의 구조가 있어야 한다. 인류의 역사는 인간의 정체성에 지대한 영향을 끼친 구조들로 이루어져 있다. 원시 부족의 토템과 터부, 중국의 가족 제도, 일본의 신도(神道), 조선의 유교적 조상 숭배, 인도의 카스트 제도, 고대 바벨론의 점성술, 그리스의 폴리스, 로마의 국가 통치 체제, 중세의 봉건 제도 등 인간은 항상 거대한 실존의 구조 속에서 삶을 형성하고 전수했다.

제도와 문화라고도 칭할 수 있는 실존의 구조는 인간이 만들고 유지하고 변화시켜 온 구성물이다. 하지만 그것들은 단순히 '인간이 만든 무엇'이라고 볼 수 없다. 실존의 구조는 인간이 만든 것 같지만 실상 인간의 삶을 지배한다. 마치 독립된 주체처럼 유사 인격체로 활동하며 인간의 통제를 벗어나고, 인간을 억압한다. 구조들의 배후에 그것을 운행하는 존재가 따로 있다. 프랑스의 구조주의 철학자 피에르 부르디외는 '아비투스'(Habitus)라는 개념을 제시했다. 그는 특정 사회 구성원들이 어떻게 무의식적이고 습관적으로 특정한 인지와 행위에 길들여지는지 설명한다. 아비투스는 인간과 사회가 만들어 낸다는 점에서 '구조화된 구조'(structured structure)이지만, 동시에 그 구조 안에서 인간과 사회가 만들어진다는 점에서 '구조화하는 구조'(structuring structure)이기도 하다. 다만 세상의 철학은 구조의 구조화하는 능력과 권세가 어떻게 생겼는지 알지 못한다.

인간 실존의 구조는 하나님이 인류와 모든 피조물의· 유익을 위해 창조 세계에 주신 질서이다. 하나님은 인류의 생존과 번성을 위해 실존의 구조가 필요하도록 설계하셨고 천사들에게 운용을 맡기셨다. 도시를 예로 들어 보자. 도시는 시민의 생존과 번성을 위해 다양한 시설과 제도를 필요로 한다. 상하수도, 전력과 도로, 교통과 물류, 통신과 환경 등의 물적 시설뿐만 아니라 행정과 치안, 정치와 법률, 금융과 복지와 같은 제도는 마치 유기체의 혈관과 신경과 신체 기관처럼 도시를 살아 움직이게 만든다. 자신의 몸에 대해서 그러하듯이 우리는 우리가 살아가는 도시의 메커니즘에 무감하다. 우리가 대면하거나 실감하지 못할지라도 거대한 도시의 시설과 제도의 배후에는 그것을 움직이는 누군가가 있다. 성경은 인간 실존의 구조 배후에 영적 존재들이 운행자로 배치되었다고 말한다.

2,200마력으로 180톤의 화물을 싣고 시속 100킬로미터로

달릴 수 있는 디젤 기관차는 이동과 물류를 획기적으로
바꾸었다. 단 정상적인 사람이 운전대를 잡고 운행한다는
전제하에서 말이다. 만약 미치광이가 기관차의 운전대를
움켜쥔다면 폭주하는 괴물이 된다. 타락으로 일어난 일이 이와
같다. 천사들은 하나님의 뜻을 받들어 인간의 제도와 문화를
배후에서 움직여 인간과 창조 세계의 번영에 이바지해야
했다. 하지만 천사들이 타락했을 때 그들에게 맡겨졌던
구조들은 인간의 번영을 위협하고 창조 세계를 파괴하는
무기로 바뀌었다. 타락한 천사들은 미치광이 기관사처럼
사회, 정치, 사회, 문화, 종교의 구조를 악용하여 인간을 악한
폐습의 굴레에 얽매고 우상과 전통을 숭배하게 했다. 타락한
권세에 장악당한 구조들은 본래의 목적에서 벗어나 하나님의
통치를 방해하는 악의 수단으로 전락하였고, 인간의 삶도
악마화되었다. 성경에서 영적 싸움이 '정사와 권세와 세상
주관자들을 상대로' 벌어진다고 말하는 이유는 제도와 문화가
전략적 요충지이기 때문이다. 정치와 같은 제도는 그 배후를
누가 차지하느냐에 따라서 전혀 다른 영향을 세상에 미친다.
로마 제국과 제국의 통치자들은 악한 자를 벌하고 선한 자에게
상을 주는 (롬 13:1-7) 하나님의 수단으로 사용될 수 있지만,
반대로 요한계시록에서처럼 교회를 핍박하고 사탄에 의해서
조종되는 힘으로 전락할 수 있다. 종교 제도도 마찬가지다.
유대교의 율법주의는 사람들은 억압하는 힘의 도구로 전락한
규범의 전형적인 예라고 할 수 있다.

성경에서 인간 실존의 구조와 타락한 영적 존재들의 결탁을
보여 주는 단서는 바울이 사용한 '스토이케이아'(stoicheia)이다.

> 이와 같이 우리도 어렸을 때에 이 세상의 초등학문
> (스토이케이아) 아래에 있어서 종노릇 하였더니 (갈 4:3).

> 누가 철학과 헛된 속임수로 너희를 사로잡을까 주의하라
> 이것은 사람의 전통과 세상의 초등학문(스토이케이아)을

따름이요 그리스도를 따름이 아니니라(골 2:8).

## 11

스토이케이아는 원래 스토아철학에서 우주의 주기적 갱신을
위한 우주적 대(大)화재(에크퓌로시스) 이후 남게 되는 흙, 공기, 물,
불과 같은 기본 원소를 의미했다. 베드로후서 3장 10절에서
"그날에는 하늘이 큰 소리로 떠나가고 물질(스토이케이아)이
뜨거운 불에 풀어지고"라고 말할 때도 이런 의미로 사용되었다.
그런데 이 용어는 단지 우주를 구성하는 원소가 아니라 '세상의
근원적인 원리' 또는 인간 실존의 기본 구조를 가리키기도
한다. 이때 해와 달과 별로 비유되는 천상의 권세들과
밀접하게 연결되어 "하늘에 있는 자"(빌 2:10), "정사와 권세와
능력과 주관하는 자"(엡 1:21)라는 말과 함께 언급된다. 다시
말해서 성경은 세계를 움직이는 근본적인 원리(통치, 무력,
재화)를 가리킬 때 그 배후에서 권세를 가지고 움직이는 권세(왕,
군대장관, 재무장관)를 함께 말한다. 이 권세들은 애초에 하나님에
의해 창조되었고 그리스도로 말미암아 그리스도를 위하여
창조되었다(골 1:16). 하지만 타락 이후 지금까지 권세들은
하나님과 그리스도와 신자들을 대적하고 있다(골 2:8). 권세들은
자신들에게 복종하는 자들을 종으로 삼고(갈 4:8-11) 신자들을
대적한다. 이처럼 타락한 천상의 권세들이 막강한 힘을
발휘하는 것은 그들이 장악한 인간 제도가 인간의 삶에 지대한
영향을 미치기 때문이다(골 2:20-22).

95

스토이케이아에 대한 성경의 진술은 고무적이다. 인간 실존의 구조를 장악했던 사탄의 권세는 십자가 사건으로 결정타를 맞았다. 막강했던 권력자가 권세의 자리에서 축출되듯이 사탄은 "하늘로부터 떨어졌다"(계 12:5-12; 눅 10:18; 요 12:31; 16:11). 미치광이를 기관실에서 끌어내리듯이 그리스도는 십자가의 죽음을 통해 권세들의 무장을 해제하셨다(골 2:14-15). 더 나아가 성경은 언젠가 스토이케이아가 완전하게 하나님의 통치에 복종하고 인간 번영이라는 본래의 기능을 회복할 것이라고 말한다. 그날이 오면 천상의 존재들과 지상의 존재들이 스토이케이아를 매개로 하나님이 뜻하신 완전하고 충만한 번영을 누릴 것이다. 할렐루야!

# 12. 성경은 죄가
# 무엇이라고 말할까?

'손 그림자놀이'는 손에 촛불이나 손전등을 비춰 동물이나
사물의 그림자를 만들던 추억의 놀이이다. 손을 움직일 때마다
영락없는 개나 새가 움직이는 듯하다. 손 그림자놀이의 묘미는
손이라는 실체와 그것이 만든 그림자 사이의 괴리가 클수록
극대화된다. 기독교 신학에서 죄는 '그림자'로 다뤄진다.
실체는 '무엇이다'라는 긍정 서술로 말할 수 있지만, 실체가
아닌 것은 '무엇이 아니다'라는 부정 서술로 묘사해야 한다.
그래서 조직신학에서 죄 이야기는 실체를 말하는 창조론과
인간론의 뒤에 부록처럼 덧붙여 다뤄진다. 창조와 구속
이야기에서 죄는 시작도 중심도 결말도 아니고 단지 침범하고
기생하여 어른거리는 그림자와 같기 때문이다. 변화하는
그림자처럼 다양한 죄의 모습 중 진짜 얼굴은 무엇일까. 성경이
말하는 죄의 민낯을 들춰 보자.

죄는 하나님이 창조하신 실체가 아니다. 타락이 일어나기 전
아담이 이름 붙인 것들에 '죄'는 없었다. 빛이 창조된 후에야
그림자가 생기고 진리가 선포되고 나서야 그것을 비틀어
거짓을 만들 수 있듯이, 죄는 '의도되지 **않은** 것', '마땅히
일어나야 함에도 일어나지 **않는** 일', '목표에 도달하지 **못함**'과
같이 지칭된다. 죄가 실체가 아니라 실체의 부재와 결핍이라는
해설을 내놓은 사람은 아우구스티누스이다. 아우구스티누스의
통찰은 현대의 물리학자에게서도 발견된다. 젊은 아인슈타인은
하나님이 만물을 창조하셨다면 죄와 악도 그중에 포함된 것이

아니냐는 질문을 받았다. 그는 하나님이 악의 창시자가
아님을 증명하기 위해 어둠과 추위에 대한 물리학적 개념을
끌어들였다. 우리의 신체 감각은 추위를 느끼고 어둠을
감지하지만, 엄밀한 의미에서 추위(coldness)는 '열의 부재'에
불과하고 어둠(darkness)도 '빛의 부재'이다. 실체가 아닌 추위는
측정될 수 없고, 더는 상실될 열이 없는 절대 0도(영하 273도)에
이르기까지 열의 상대적 결핍으로만 말할 수 있다. 마찬가지로
어둠(darkness)도 '빛의 부재'이기에 측정과 관찰의 대상이 될 수
없다. 이런 논리 끝에 젊은 아인슈타인은 죄와 악도 하나님이
지은 무엇이 아니라 '하나님의 부재'라고 답했다.

중국 파촉의 전통 무대극인 변검(變臉)은 연기자가 순식간에
가면과 분장을 바꾸면서 인물의 감정과 개성을 표현하는
신묘한 기술로 유명하다. 사람의 실제 얼굴이 아니라
가면이기에 그렇게 감쪽같이 순식간에 바꿀 수 있으리라.
실체가 아닌 그림자가 변태와 변화에 능수능란하듯, 죄도
갖가지 얼굴과 모양으로 나타난다. 구약 성경은 천변만화하는
죄의 얼굴들을 이렇게 묘사한다.

> 구부리다(아바), 허물(아발), 범하다(아바르), 사악함 또는
> 경건치 못함(레솨), 악의 지배(라), 배반 또는 신뢰가 깨짐(마알),
> 반역하다(파솨), 우상숭배 또는 부정(아웬)

신약 성경은 죄가 탈바꿈하는 가면의 수를 조금 늘린다.

경계를 범함(파라바시스), 청종치 않음(파라코에), 넘어짐, 실수,
배반(파랍토마), 꼭 알아야 할 것에 무지함(아그노에마), 온전히
수행될 것이 축소됨(헷테마), 율법을 지키지 않음(아노미아),
불의, 불법, 부정(아디키아), 만유의 조화들 속에서의 부조화
(플렘멜레이아), 하나님과 사람을 멸시하는 교만(휘브리스)

아무리 많은 얼굴을 가졌더라도 죄가 곧음, 지킴, 경건함,
하나님의 통치, 충성, 신뢰, 하나님을 경배함, 청종, 완수, 지식,
완전히 이룸, 율법 준수, 합법, 조화 등이 깨어지거나 미치지
못하거나 일그러졌음을 가리키는 그림자임에는 변함이 없다.

죄의 많은 얼굴 중 하나의 얼굴이 있다. 죄를 지칭하는
성경적 용어 중 핵심 단어는 구약 성경의 히브리어 '하타'와
신약 성경의 헬라어 '하마르티아'이다. 하타와 하마르티아는
'화살이 과녁을 빗나간다'는 심상을 깔고 있는데, 빗나간
화살처럼 '인간이 하나님께서 의도하신 방향에서 벗어나서
목표를 이루는 데 실패하고 하나님의 영광에 미치지 못한다'는
이야기를 전달한다. 하나님이 의도하신 방향과 목표가
무엇이냐는 질문은 여기서 다루기에 벅차다. 다만 과녁의
중심에 가까운 몇 가지 예시를 읊어 볼 수 있다. 하나님 형상의
반영, 삼위일체 하나님과의 영원한 삶, 사랑과 섬김의 공동체를
이루는 것, 창조 안에서 왕과 제사장과 선지자의 직분을
완수하는 것, 샬롬의 성취. 이것들은 마치 오셀로 게임에서처럼
'아니다'라고 적힌 흑석을 뒤집어 '예'의 백석으로 가득 채우는
기독교 계시와 비전의 핵심이다(고후 1:20).

죄는 심각하다. 그런데도 성경이 죄를 소극적 실체로 취급하는
이유는, 성경의 구원 이야기가 결국 하나님이 승리하는
이야기이기 때문이다. 인간 편에서 죄의 파급력은 전혀
가볍지 않다. 하나님, 동료 인간, 창조 세계와 관계가 깨어진

세상에서 인간의 삶은 비참하다. 자신이 누구인지, 무엇을 위해 사는지 모르는 인간은 벗어난 궤적으로 되돌아올 수 없고 결국 목적지에 이르지 못한 채 낙오된다. 우리의 이야기가 이런 비극적 결말이라면, 죄와 악은 성경의 핵심 주제로 자리 잡았을 것이다. 하지만 하나님이 행하시는 구원 드라마에서 죄와 악은 결국 소멸할 악당에 불과하다. 죄와 악이 초래한 혼돈과 고통은 잠시 잠깐의 일이며 영원히 지속할 수 없다. 하나님은 잃어버린 자녀들을 되찾으셔서 하나님이 약속하신 목적과 영광에 이르도록 끝까지 인도하신다. 죄의 방해는 사소하지 않지만 그렇다고 치명적이지도 않다. 죄의 미풍은 화살의 깃을 흔들지만 화살의 궤적을 좌절시키지 못한다. 하나님의 전능한 손으로 쏜 화살은 바람을 뚫고 끝끝내 구속의 완성이라는 과녁의 복판에 꽂힐 것이다.

기독교 신학이 죄를 하나의 교리로 집중해서 다루지 않고 곁눈질하듯 말하고 가는 이유가 여기에 있다. 처음과 끝을 말하여 전체를 묘사하는 성경 특유의 화법으로 볼 때, 죄는 처음(알파)에도 없었고 끝(오메가)에도 없을 것이다.

# 13. 왜 하나님은
# 선악과를 만드셨을까?

모든 드라마는 갈등과 해결로 이루어진다. 갈등 구조와 해결
방식이 극적일수록 드라마는 흥미진진해진다. 창세기 3장은
성경 드라마의 모든 고통과 갈등이 시작되는 그라운드 제로
지점이다. 거대한 불길이 작은 불씨에서 발화되듯, 모든 비극의
시작은 작은 일에서 비롯되었다. 금단의 과일 선악과를 따먹는
행동 말이다. 선악과를 따먹은 행위가 문제일까, 아니면
선악과에 어떤 악한 요소가 깃들어 있었을까? 하나님은 왜
갈등의 씨앗이 될 선악과를 만드셨을까?

7,000킬로미터가 넘는 길이에 지구상 민물의 15퍼센트를
흘려보내는 아마존 강은, 페루 산지 작은 바위틈에서 그
여정을 시작한다. 온 우주의 영광스러운 완성을 향해 흐르는
창조 이야기도 작은 동산을 발원지로 삼는다. 거기서부터
'생육하고 번성하여 땅에 충만하고 땅을 정복하고 모든
생명체를 다스리라'라는 하나님의 뜻이 동심원의 파동처럼
확장되어야 했다. 창세기의 첫 장은 창조 세계가 영광에 이르는
여정에 들어섰음을 선언한다. 그 여정의 끝에서 창조 세계는
가장 조화롭고 아름답게 되어 하나님의 영광을 충만하게
드러낼 것이고, 하나님의 형상인 인간은 영원한 생명을 누리며
영화로운 존재로 변화할 것이다. 히브리어 '샬롬'은 처음 인간이
품었던 약속을 반영한다. 하나님의 창조 세계가 정의와 사랑의
구조 안에서 번성하고, 그 가운데서 하나님과 함께 참된
기쁨을 누린다는 해피엔딩이 바로 '샬롬'이다.

에덴동산이 창조의 동심원 중심에 있다면 선악과는 중심핵에 해당한다. 인간의 삶이 완전한 지경에 도달하려면 여러 조건이 필요한데, 모든 조건 가운데 가장 중요한 핵심이 선악과에 담겨 있다. 선악과는 '투명한 유리병에 담겨 선반 위에 올려진 초콜릿 쿠키'를 연상시킨다. 먹음직스러운데 함부로 먹어서는 안 되는 금단의 열매 말이다. 초콜릿 쿠키를 잔뜩 만들어 병에 담아 둔 엄마처럼, 하나님은 왜 인간이 먹지 말아야 할 것을 만드셨을까? 하늘에 떠 있는 연도 그와 비슷한 생각을 할 것이다. '하늘로 날린다면서 왜 연줄을 붙들고 있지?' 얇은 대나무 틀에 풀 먹여 바른 종이 조각이 까마득히 높이 날아오르는 비밀은 연줄에 있다. 연꾼은 손의 감각에 따라 연줄을 풀거나 당기며 연을 하늘로 날린다. 연꾼과 연을 이어 주는 연줄은 연이 비상하게 하지만 동시에 연의 높이를 제한한다. 제한이 없다면 비상의 가능성도 사라짐을 연은 모른다. 만약 연이 더 높이 날고 싶은 욕망에 자신을 붙드는 연줄을 끊어 버린다면, 연은 비상의 동력을 잃고 땅으로 곤두박질칠 것이다.

첫 인간에게 선악과 역시 '가능성과 한계성'이라는 역설을 지닌 연줄과 같았다. 유일하게 하나님의 형상대로 지음 받은 인간은 하나님의 창조 세계에서 왕 같은 제사장의 중보자 직분을 위임받았다. 세상과 우주를 개척하고 발전시키는 사명이 인간에게 주어졌다. 하나님은 인간에게 항상 무엇인가를 바라고 추구하는 마음을 주셨다. 이는 인간이 지닌 고귀함과 가능성의 표징이다. 하지만 피조물인 인간에게 주어진 권세와 욕망은 밝은 면과 어두운 면을 함께 가진 양날의 검 같아서, 언제든 교만과 정욕과 불순종으로 변질할 수 있다. 그래서 한계와 제한이 가해져야 했다. 연에게 연줄이 필요한 것처럼 말이다. 칼뱅이 선악과에 "인간에게 조건으로 주어진 덕목의 총체와 근본"이라는 칭송을 붙인 것은 공치사가 아니다. 인간은 하나님이 설정하신 경계 안에서 최대의 행복을 이룰 수 있다. 그 경계를 넘어서면 인간은 악한 욕망에 사로잡히고,

하나님의 보좌를 빼앗아 스스로 하나님과 같이 되려고 한다. 하나님이 인간을 신적 성품과 영광으로 높이시는 신품화와 인간이 스스로 하나님이 되려는 신격화를 가르는 '하나님의 한 수'가 바로 선악과이다.

선악과의 정확한 이름은 '선악을 알게 하는 나무'였다. 아무리 생각해도 선악을 아는 지식 자체가 악하고 나쁠 리 없다. 모든 성숙은 선악을 분별하는 지식을 체득하는 과정이다. 하나님이 인간의 성숙을 원하시면서 하나님도 가지고 계시고(창 3:22) 천사들도 가진(삼하 14:17) 선악 분별력을 금하셨을 리 없다. 인간에게 완성될 하나님의 형상에는 분명 선악을 분별하는 지식이 포함된다. 그렇다면 열매 자체가 악하지도 않고 선악을 아는 지식이 나쁘지도 않은데 왜 하나님은 선악과를 금하셨을까? 왜 선악과의 열매를 먹으면 "반드시 죽으리라"(창 2:17)라고 경고하셨을까?

선악을 분별하는 지식이 궁극적으로 인간의 번영에 필수적이라면, 하나님은 언젠가 그 지식을 허락하셨을 것이다. 그렇다면 아담과 하와에게 내려진 명령은 '한시적인 접근 금지'라고 볼 수 있다. 예를 들어 세 살배기 아이에게 가위를 가지고 놀지 못하게 하는 것은 가위 자체가 악해서가 아니라, 아직 그 날카로움을 조절하지 못하는 어린아이에게 위험하기 때문이다. 사춘기 자녀에게 결혼을 허락하지 않는 이유도 마찬가지다. 가위와 결혼은 언젠가 허락될 물건이고 사건이다. 다만 시기와 방식이 문제다. 인간이 하나님의 뜻대로 성장하려면, 하나님이 '아직 안 돼'라고 말씀하실 때 신뢰하고 순종할 줄 알아야 한다. '선악과 안 먹기'는, 하나님이 '안 돼'라고 말씀하시며 연줄을 당기실 때 더 높은 비상을 위한 것임을 믿고 맡기는 샬롬 훈련이다. 이러한 핵심 자질을 갖추지 못하면 거대한 여정이 실패할 것은 뻔하다.

사단은 여자에게 선악과를 먹으면 "너희 눈이 밝아져 하나님과 같이 되어 선악을 알게" 될 것이라고 유혹했다. 거짓의 달인은 불순종이 초래할 끔찍한 결과를 감추고, 성숙의 단계에나 일어날 일을 가지고 환상을 심어 주었다. "연줄을 끊어 버려. 그러면 너는 새처럼 자유로워질 거야." 자기가 말하는 자유가 사실은 추락임을 알려 주지 않은 것이다. 샬롬의 조건을 깨뜨리고 나서 인간은 죄에 대한 경험적 지식을 얻고 하나님의 보좌에 앉아 자신의 운명과 선악을 결정할 수 있게 된 듯했다. 하지만 환희의 순간은 짧았다. 이내 관계가 파괴되고, 은사와 직분을 박탈당하며, 저주받고 추방당하는 비애를 맛봐야 했다. 더 큰 행복, 더 높은 비상을 위해 그랬다 변명하기에는 그 결과가 참담했다.

창조 세계에서 가장 아름다웠던 존재는 추하디추한 형상으로 변했다. 고귀한 사명을 완수하는 이야기로 출발한 여정은 비극이 되었다. 추락하는 것에 달린 줄이 보이는가.

# 14. 인간의 영혼과 몸은
## 어떤 관계일까?

우리말 '몸'과 '얼굴'에는 사람의 존재에 대한 깊은 통찰이
배어 있다. '몸'이라는 글자는 그릇 모양의 미음자를 위아래로
쓰고, 소리를 모아 담으며 읽게 된다. 몸이 영혼을 담고 있음을
나타내는 말이다. '얼굴'은 '얼'을 담은 오목한 '골'이다. 사람의
얼굴이 넋과 혼을 머금는다는 뜻으로 풀린다. 몸과 얼굴이란
말에서 우리는 담긴 무엇과 담는 무엇, 드러나는 무엇과 숨겨진
무엇으로 사람이 이루어진다는 생각을 읽을 수 있다. 성경은
인간 존재가 무엇으로 이루어진다고 말할까?

인간이 몸과 영혼으로 구성된 존재라는 생각은 동서양을
막론하고 가장 보편적으로 받아들여졌다. 서구 형이상학을
주름잡은 철학자 삼인방(소크라테스, 플라톤, 아리스토텔레스)은
'형상과 질료'라는 이원론 사고의 틀 안에서 인간을 보았다.
이들은 인간이 '영혼과 육체'로 이루어졌다는 사상을 널리
보급했다. 그 시대 헬라인들은 인간의 영혼, 곧 이성이 신의
로고스에서 나온 로고스의 불꽃이라 생각했다. 따라서
그들에게 영혼은 불멸하는 실체이지만 육체는 필멸의 운명을
지닌 그림자였다. 헬라 철학과는 조금 다르지만 기독교 신학
역시 인간의 내적이고 영적이며 본질적인 요소를 '영혼'이라고
칭했다. 영혼은 성경에서 자주 등장하는 용어이며 예수도
십자가에서 남기신 마지막 말씀에서 자신의 영혼을 아버지
손에 부탁하신다(눅 23:46). 인간에게 영혼은 몸과 구분되는 또
다른 실체일까? 몸과 영혼은 어떤 관계를 맺고 있을까?

신학에서 영혼과 몸의 관계를 바라보는 관점은 크게 '영혼과 몸은 각기 다른 실체이다'라고 주장하는 실체 이원론과 '영혼과 몸이 두 개의 실체가 아니라 하나의 실체가 지닌 두 기능이다'라고 주장하는 실체 일원론으로 나뉜다. 실체 이원론은 인간의 본질에 대한 가장 전통적이고 대중적인 견해이다. 이 견해는 창조 세계가 보이는 것과 보이지 않는 것(고후 4:18), 물질적 실체와 비물질적 실체로 이루어져 있다고 보고, 인간 존재 역시 물질적인 몸과 비물질적인 영혼으로 구분된다고 여긴다. 이렇게 보면 존재의 핵심이 영혼이라고 말하는 신학적 이원론은 헬라 철학의 이원론과 비슷해 보일 수 있다. 하지만 극단적인 견해를 제외하면, 대다수의 실체 이원론 신학자들은 영혼과 몸이 개념상 구분될 뿐 서로 동일시될 수 있을 정도로 밀접하게 통일성을 이룬다고 말한다.

14a

실체 이원론은 서구 사상에 깊게 뿌리내린 헬라 철학 이원론의 후광을 입어 오랫동안 타당성을 인정받았지만, 현대 과학의 발전으로 그 입지가 크게 흔들리게 되었다. 현대의 뇌 과학과 신경 과학은 이전까지 영혼이나 정신 같은 비물질적 실체의 비물질적인 작용이라고 여겨지던 일들(사유, 인식, 판단, 의지, 양심, 믿음)이 사실 뇌와 생체 기관의 밀접한 연관 속에서 일어남을 입증했다. 기독교 신학자들도 기도와 예배, 신앙의 신비로운 체험들을 포함한 '영적인' 활동이 몸과 상관없이 이뤄지지 않고, 오히려 몸의 기관들을 통해서만 경험된다는 사실을 인정하기 시작했다. 그렇게 몸과 영혼을 '뗄 수 없는 하나의 실체'로 인식하는 실체 일원론이 대두되었다. 실체 일원론은 인간이 하나의 실체로서 다양하고 복합적인 기능을 발휘한다고 주장한다. 영혼과 몸, 정신과 육체 사이의 구분은 각기 다른 두 개의 실체를 가리키는 것이 아니라 기능 사이의 차이를 가리킨다고 본다. 성경에서 '영', '혼', 또는 '영혼'이라고 칭하는 것도 몸과 구별되는 다른 실체가 아니라, 명확히 구분할 수 없는 '전체로서의 인간'을 가리킨다는 것이다. 실체 이원론이 영혼과 몸을 구분하고 영혼에 인간 본질이 있다고 보는 데 비해, 실체 일원론은 인간을 하나의 실체로 보는 통전적 관점을 내세운다.

기독교 신학에서 실체 일원론은 과학에 기댄 주장이라기보다 이원론이라는 안경을 벗고 성경을 다시 들여다본 결과이다. 성경에는 실체 이원론으로 설명해야 할 것 같은 본문이 많이 나온다. 다만 그 본문에서도 영혼과 육체의 경계가 분명하게 드러나지는 않는다. 분명 성경에 영, 혼, 육이라는 서로 다른 표현이 나오지만, 그것 자체가 인간이 세 가지 다른 요소로 이루어짐을 의미하지는 않는다. 구약 성경에서 '영'이라고 번역된 히브리어 '루아흐'(ruach, 헬라어로 pneuma)는 사람의 생명 또는 생기를 의미하여, 주로 하나님과의 관계 속에 있는 인간을 묘사할 때 쓰인다. 흥미롭게도 루아흐는 인간뿐만 아니라 동식물의 모든 생명을 가리키기도 한다(창세기 6장 17절의 "생명의 기운"에서 기운이 루아흐이다). '혼'으로 번역되는 히브리어 '네페쉬'(nepesh, 헬라어로 psyche)는 인간의 내적 존재나 살아 있는 인간 자체를 가리키는데, 주로 동료 인간과 사회 속에 있는 인간을 지칭할 때 많이 쓰인다. 영과 혼은 하나님과의 관계냐 인간과의 관계냐에 따라 다른 뉘앙스로 쓰이지만 둘 다 전인(숲人)을 가리키기에 교차적으로 사용된다. '육체'로 번역되는 히브리서 '바사르'(basar, 헬라어로 soma)는 몸, 혈연,

인류 등의 의미로 육체를 통해 물질적 세상에 참여하는 인간을
가리킨다. 바사르도 루아흐나 네페쉬와 마찬가지로 인간의 한
요소가 아니라 인간성 전체를 지시한다. 이렇게 볼 때 성경이
말하는 인간은 영과 혼과 육의 세 요소로 구성된 존재가
아니라, '영이자 혼이자 육인 존재'라고 볼 수 있다.

14b

알고 보면 실체 이원론보다 실체 일원론이 개별적인 성경
본문 주해뿐 아니라 성경 전체의 맥락에도 더 합당한 해석을
내놓는다. 성경은 철학적 형이상학과 달리 인간의 구성 요소나
구조를 다루는 존재론에 별로 관심이 없다. 성경의 시선은
항상 하나님과 동료 인간과 창조 세계와의 관계 속에 있는
인간을 그린다. 성경은 인간의 본질을 알려 주는 존재론적
정보보다, 삼중적 관계 속 인간에게 주어지는 언약적,
영적, 윤리적 삶에 대한 권고와 약속을 보여 준다. 창조와
구속의 이야기는 물리적 세계의 선한 창조에서 시작해서
타락으로부터 회복되는 새 하늘과 새 땅의 비전으로 나아간다.
구속 이야기에서 몸과 몸으로 참여하는 세상은 긍정의
대상이다. 구약의 이스라엘 민족들에게 구원은 몸, 휴식, 양식,
가정, 공동체, 땅, 시간이 포함된 총체적인 개념이었다. 구약의
종말론적 비전인 '샬롬'은 피안의 영성이나 내적인 평안을
의미하기보다 약속의 땅, 열두 지파, 성전과 거룩한 성읍,

공의, 물질적 번영, 대적들로부터의 안전, 자손의 번성, 약속의 성취 등 공동체 및 국가와 우주 전체의 조화롭고 정의로운 구조 그리고 거기에 가득한 풍요와 참된 기쁨을 아우른다. 무엇보다도 그리스도의 성육신과 몸의 부활, 새 예루살렘의 비전은 우리가 들어갈 영원한 삶이 영혼에만 국한되지 않고, 몸을 지닌 인간과 세상, 문화 전체를 구속하는 일임을 보여 준다.

인간인 우리 자신이 누구인지는 여전히 수수께끼이다. 아직 우리에게 이뤄지지 않은 일들이 남아서 더욱 그렇다. 우리는 아직 들어야 할 말이 많다.

> 당신이 모르는 참된 상태를 당신의 창조자에게 배우라. 하나님의 말씀을 들어라(파스칼의 《팡세》, no. 131).

# 15. 인간에게 있는
# 하나님의 형상은 무엇일까?

> 하나님이 자기 형상 곧 하나님의 형상대로 사람을
> 창조하시되(창 1:27).

'인간이 하나님의 형상이다'는 인간에 관한 가장 근본적인
계시이다. 인간은 하나님을 반영하고, 하나님의 영광을 드러
내며, 하나님과 같이 변화함으로써 하나님 형상의 충만함을
드러내야 하는 존재이다. 구원 드라마는 하나님이 타락으로
훼손된 '하나님 형상'을 우리 안에 회복시켜 창조의 목적을
완성하는 이야기다. 우리의 어디가 하나님과 닮았다는 것일까?

인간이 하나님 형상이라는 비밀을 푸는 열쇠는 그리스도이다.
온전한 하나님의 형상은 영원한 아들이신 그리스도에게서
발견할 수 있다. 인간이 하나님의 형상을 회복하고 완성에
이른다는 것은 아들의 형상을 본받고 닮아 가 그분의 영광에
이르는 것이다(롬 8:29; 고후 3:18). 그렇기에 하나님 형상이 된다는
것은 그리스도로 말미암아 그리스도를 거쳐 그리스도께
이르는 길에서 완전히 알 수 있다.

하지만 질문은 여전히 남는다. 인간이 하나님의 형상으로 지음
받음은 구속의 원리 이전에 창조의 원리이다. 타락으로 인해
인간 안에 있는 하나님의 형상이 심각하게 손상되었음에도
전적으로 소멸하지 않은 이유가 거기에 있다. 인간이 인간인
한 여전히 하나님의 형상이기에 살인은 하나님 형상의 파괴로

여겨졌다(창 9:6). 또한 인간이 하나님의 형상으로 하나님을 대표해야 하기에 하나님은 다른 피조물의 형상을 만들지 못하게 하셨다(십계명 제2계명). 하나님이신 분이 중보자로 오셨을 때 다른 피조물이 아닌 인간의 본성을 취하시고 인간의 몸으로 성육신하실 수 있었던 것도 인간이 하나님의 형상이기 때문이다. 그렇다면 그리스도에게서 발견되는 '회복될 하나님 형상' 이전에 '본래의 하나님 형상'은 무엇일까?

신학은 이루 다 알 수 없고 말할 수 없는 신비를 해명하려고 애쓴다. 혀가 꼬이고 발이 얽히는 일이 다반사다. 하나님과 인간 사이 닮은 꼴 찾기도 그렇다. 이레니우스부터 아퀴나스를 거쳐 거의 1,300여 년 동안 서방 신학은 타락 후에도 상실되지 않은 하나님 형상이 인간의 이성이라고 가르쳤다. 이는 신플라톤주의가 기독교 신학에 심은 유산이다. 태양과 촛불이 공유하는 빛의 속성처럼 인간의 이성은 신의 로고스에서 나온 작은 불꽃이다. 중세 스콜라주의 신학의 거장 아퀴나스는 로고스의 본질을 공통점으로 닮은 하나님과 인간 사이를 '존재의 유비'라는 말로 설명했다. 이 시기 신학의 사고방식은 많은 부분에서 헬라 철학의 사고방식과 포개졌다. 이성을 중요시하는 서구의 합리주의 전통에서 모든 인간이 같은 가치로 존중받지는 못했다. 미성숙한 이성(아이와 부녀자)과 비이성적 요소(감정과 육체)는 하나님의 형상과 무관하다고 치부되어 주변부로 밀려났다.

종교 개혁자들은 인간에 대한 이해에서 로마 가톨릭교회와 대립했다. 인간의 요소 중 이성이 타락의 영향에서 벗어나 기능상 문제가 없다는 로마 가톨릭교회의 신학은, 종교 개혁자들의 '전적 타락' 사상으로 반박되었다. 타락의 결과 사람의 모든 부분이 부패했다는 것이다. 성경의 가르침만 따르려 했던 종교 개혁자들은 영혼을 포함한 인간의 모든 영역이 하나님의 영광스러운 광채를 나타내는 데 실패했다고 말했다. 종교 개혁자들은 철학적 존재론보다 복음으로 말미암아 비참한 존재에서 복된 존재로 새롭게 된 인간을 말하길 좋아했다.

20세기에 들어와 카를 바르트는 창조주와 피조물 사이에 존재와
본질 차원의 유사성은 전혀 없다고 단언하면서 아퀴나스의
'존재의 유비'를 철저히 거부하고 대신 '관계의 유비'를
주장했다. '관계의 유비'란 인간의 어떤 요소도 하나님의
형상일 수 없고 다만 공동체적 삶의 양태가 닮았다는 말이다.
삼위 하나님이 서로 대면하며 사랑과 교제와 섬김을 나누어
공동체의 삶을 영원토록 누리듯, 인간도 하나님, 동료 인간,
창조 세계와의 삼중적 관계를 맺고 하나님의 삶을 반영하도록
지음 받았다는 것이다. 바르트의 혁신적인 통찰은 인격에
대한 현대적 관점을 반영한다. 오랫동안 서구 문화는 인격이
'합리적 본성을 지닌 독립적 실체'라는 보에티우스의 정의를
따랐다. 격변의 경계에 선 20세기의 사상가들은 보에티우스의
인격 개념을 비판하고 인격성을 새롭게 이해할 가능성을
알아보았다. 대안은 관계성을 중심으로 한 인격 개념이었다.

바르트와 동시대인이었던 유대인 철학자 마르틴 부버의 대화
철학은 새로운 인간 이해를 제시했다. 부버는 인간의 참된
주체성이 '나와 그것'(I-it) 사이의 인과율이라는 객관적인
관계가 아니라, '나와 너'(I-You)의 대화적이고 인격적인 관계에
있다고 말했다. 이 새로운 관점은 신학에도 영향을 끼쳤다.

하나님의 형상은 존재의 문제일까, 관계의 문제일까? 비록 둘 사이에 얽힌 역학을 정확하게 밝히기는 어렵지만, 우리가 찾는 해답은 두 가지 문법을 아울러야 알아낼 수 있다. 인간의 몸과 영혼을 뗄 수 없듯 존재(being)와 삶(doing)은 서로 맞물려 있기 때문에, 하나님 형상을 말하려면 인간의 본질만이 아니라 관계와 삶의 측면까지 함께 말해야 한다.

인간(人間)이란 말은 사람이 사이(betweenness), 즉 관계 속에서 규정되고 완성되는 존재임을 드러낸다. 우리가 누구이고 무엇을 행하며 살아야 하는지는 세 가지 사이(間)들, 즉 하나님과 인간 사이, 인간과 인간 사이, 인간과 창조 세계 사이에서 답해야 한다. 그리스도가 회복시킨 인간의 삼중직에 빗대어 말해 보자. 예배하는 제사장(homo adorans)으로서 인간은 하나님을 바라보며 그분을 알고 사랑하고 순종하고 신뢰하며 살아야 한다. 선포하는 제사장(homo loguens)으로서 인간은 타인을 바라보며 서로를 섬기고 온전케 하며 공동체적 삶을 일궈야 한다. 그리고 지혜로운 왕(homo sapiens)으로서 인간은 자연과 문화를 발견하고 재창조하며 하나님을 영화롭게 해야 한다. 이처럼 모든 관계에서 하나님을 나타내려면 제사장적 왕의 직분과 하늘로부터 오는 은사를 회복할 뿐만 아니라 "신성한 성품에 참여하는 자"(벧후 1:4)로서 반드시 존재와 본질이 함께 변화되어야 한다. 그렇기에 하나님이 우리를 아들의 형상대로 변화시키기로 하셨을 때 우리에게 아들의 이름과 아들의 영과 아들의 권세와 직분을 함께 주신다.

종말론적 여정을 가는 우리에게 아들의 형상은 '이미 이뤄진 현실태'와 '아직 이뤄지지 않은 가능태'가 섞여 있다. 마지막에 "주와 같이"(요일 3:2) 변화하여 영원한 삼위일체 하나님의 삶에 참여하게 될 때, 창조되지 않은 빛에 창조된 빛이 어우러지고, 큰 불꽃에 작은 불꽃이 합해지며, 울리는 소리에 되울리는 소리가 조화를 이루고 마침내 우리는 서로에게서 진정한 하나님의 형상을 보게 될 것이다.

# 기독론

# 16. 언약이란?

생텍쥐페리의 《어린 왕자》에서 사막여우는 어린 왕자에게
'길들인다'는 말의 의미를 말해 준다. 수많은 여우 중 한 여우와
수많은 아이 중 한 아이가 만나, 흔한 남이 아니라 세상에서
하나뿐인 '너'로 관계를 맺기 위해서 길들이기가 필요하다고
한다. 사막여우는 길들이기의 첫 단계로 '오후 네 시에 만나러
오기'를 제안한다. 성경의 언약도 이와 비슷하다. 하나님이
인간과 관계 맺기 위해 자신을 스스로 낮추어 인간의 수준에
맞추는 길들이기가 언약이다.

서로에게 길들이기는 대등한 존재 사이에서 일어날 수 있다.
사람은 세균이나 곤충을 배양하거나 기르지, 서로 길들이지
않는다. 소통이 가능한 존재끼리도 성숙의 차이가 크다면
관계 맺기가 더 어려워진다. 새내기 부모가 갓난아기와 관계
맺으려면 수십 년 동안 익힌 고등 언어를 내려놓고 '베이비
랭귀지'를 익혀야 한다. 창조주이신 하나님과 피조물인 인간
사이에는 가늠할 수도 메울 수도 없는 존재의 차이가 있다.
관계 맺기는 '서로' 길들이는 일인데, 유한한 인간이 무한하신
하나님께 다가갈 수 없으니 하나님이 먼저 연약하고 낮은
인간에게 자신을 맞추실 수밖에 없다. 만물을 조성한 창조주가
비천한 피조물의 친구이자 종으로 낮아지는 일, 그것이
하나님의 자기 맞추심(God's self-accommodation)이다. 창조와
구속은 하나님이 자신을 낮춰 인간과 관계를 맺는 이야기이다.
신적 계시는 꿈, 이상, 언어와 같은 인간적인 방식으로

116

주어졌다. 하나님의 말씀인 성경은 영감을 받은 인간 저자를
통해 일상의 언어로 쓰였다. 하나님은 가정과 민족과 교회라는
눈에 보이는 공동체에 임재하신다. 영적인 은혜는 물이나
빵, 포도주와 같은 물질을 사용한 성례를 통해 베풀어진다.
무엇보다 하나님은 사람으로 성육신하셨고, 성령 하나님은
사람 안에 내주하신다. 이 모든 이야기를 꿰뚫는 하나님의
자기 맞추심이 바로 언약이다.

언약은 하나님이 인간과 관계를 맺을 때 사용하시는 방식이다.
여느 상호적 계약처럼 언약도 ①언약을 맺을 당사자를
특정하고, ②언약의 내용을 적시하고, ③언약을 위반할 때
따르는 책임(저주)을 선포한다. 언약을 통해 하나님은 만인 중
한 사람, 만방 중 한 백성을 택하셔서 아버지와 아들의 관계,
왕과 백성의 관계로 묶으신다. 구속의 역사는 언약의 역사이다.
성경에 나오는 언약들(아담 언약, 노아 언약, 아브라함 언약, 모세 언약,
다윗 언약, 솔로몬 언약 등)에서 인간 당사자는 매번 다르지만 '나는
너희의 하나님이 되고 너희는 내 백성이 될 것'이라는 언약의
내용은 동일하다.

언약을 지키시고 변하지 않으시는 하나님과 달리, 언약을
잊어버리거나 믿음을 잃기 쉬운 인간에게는 언약의 징표가
필요하다. 하나님은 아브라함에게 밤마다 볼 수 있는 하늘의
뭇별(창 15장)이나 몸의 흔적(창 17장)을 언약의 징표로 주셨고,
좀처럼 잊기 힘든 언약 의식도 거행해 주셨다. 창세기 15장에
나오는 언약 의식에서 하나님은 아브라함에게 제물로 바칠
짐승의 몸통을 갈라 피로 흥건한 길을 만들도록 하시고
"연기 나는 화로와 타는 횃불"로 현현하셔서 직접 그 사이로
지나가셨다(창 15:17). 이는 고대 근동 군주들이 연맹이나 화평
조약을 맺을 때 행한 의식으로, 맹약을 파기하는 자가 그
짐승처럼 갈라져야 한다는 저주를 뜻한다. 아브라함에게
익숙했을 방식을 통해 하나님은 자신이 약속하신 일을 반드시
이루시리라 스스로 맹세하고 아브라함에게 보여 주셨다.

이처럼 언약은 하나님이 주권적으로 맺으시는 '하나님의
언약'이다. 아브라함과의 언약 의식에서 쪼갠 짐승 사이를
지나며 서약한 당사자는 하나님이지 아브라함이 아니었다.
하나님과 인간의 언약은 항상 하나님 편에서의 일방적인
호의와 은혜로 시작한다. 언약의 관계를 맺을 때는 하나님이
주도하여 이루신다. 하나님이 먼저 '내가 너희를 구원하겠다'
약속하시고는 뒤늦게 '너희가 순종하면 구원하겠다'는 조건을
내걸지 않는다. 언약의 상대자인 인간은 하나님의 일방적인
약속을 믿고 받아들일 뿐이다. 인간이 따를 의무는 먼저
구원이 약속되거나 실행된 다음에 알려진다. 아브라함을
부르실 때도, 이스라엘 백성을 애굽에서 구원하실 때도,
하나님의 구원이 앞서고 그 뒤에 구원받은 이의 의무와 순종이
따랐다.

언약에는 일방성과 쌍방성이 둘 다 있다. 일방성은 먼저
약속하고 실행하시는 하나님의 주권적인 움직임이고,
쌍방성은 인간 편에서 반응하고 참여하는 관계적 움직임이다.
하나님의 주권적인 은혜가 인간의 책임과 의무를 감싸서
언약이 파기되지 않도록 보호하신다. 인간이 배반할지라도
하나님의 신실함이 언약을 유지하는 셈이다. 이런 이유로
언약이란 의미의 히브리어 '베리트'(berith)는 쌍방적인 계약을

의미하는 헬라어 '순데케'(syntheke)가 아니라 일방적인 유언을
뜻하는 '디아데케'(didadeke)로 번역되었고, 그에 따라 영문
명칭도 유언(testament)이 되었다. 언약은 '하나님과 인간 사이의'
계약이라기보다 '하나님의' 일방적 약속이라는 사실을 명확히
한 것이다.

우리는 언약장(covenantal field)의 세계 안에 살고 있다. 하나님과
창조 세계, 사람과 사람, 사람과 자연은 언약 관계로 맺어져
있다. 순종 또는 불순종, 헌신 또는 배반을 선택하고 그에 따른
축복과 저주의 열매를 거둔다. 또한 우리는 그리스도 안에서
새 언약의 동반자로 부름받았다. 우리는 믿음의 공동체에서
행하는 예배와 교제만이 아니라, 가정과 직장, 교육과 문화,
정치와 경제를 포함한 모든 삶을 언약의 방식으로 살아간다.
창조 세계는 언약의 세계이며, 그 안에서 누리는 삶도
언약이다. 언약은 우리가 거하는 세상과 우리 삶의 본질과
실상을 드러내는 뿌릿말이다.

## 17. 초대 교회는 왜 신앙고백에 물고기 문양을 사용했을까?

흔히 기독교 신앙의 상징이라고 하면 사람들은 십자가를
떠올린다. 그러나 역사에서 십자가보다 더 오래된 기독교
상징은 물고기였다. 물고기 상징은 2세기경부터 4세기까지
가장 보편적으로 사용된 그리스도 표식(christogram)이었다.
물고기 상징이 십자가로 대체된 것은 4세기경의 일이다.
콘스탄티누스 황제가 밀라노 칙령(313년)으로 기독교 신앙의
자유를 허락한 뒤, 니케아 공의회(325년)는 십자가를 공식적인
기독교 상징으로 채택했다.

ICTHUS
"The Sign of the Fish."
Ἰησοῦς Χριστός, Θεοῦ Υἱός, Σωτήρ
Iēsous Christos, Theou Uios, Sōtēr
JESUS CHRIST SON OF GOD, SAVIOR

17a

물고기를 뜻하는 헬라어 '익튀스'(ΙΧΘΥΣ)는 '예수, 그리스도,
하나님의 아들, 구원자'(Iesous Christos Theou Uios Soter)의
첫음절을 이어 붙인 두음어(acronym)이다. 예수에 대한 신앙을
공적으로 드러낼 수 없었던 로마 제국 치하의 교회는,
물고기라는 일상적인 식재료에 예수의 비밀을 숨겨 놓고
서로를 알아보는 표식으로 삼았다. 두음이 맞아 떨어진다는

사실 외에도 복음서에서 물고기는 친근하게 다루어진다. 어부 출신의 사도들, 오병이어(막 6:30-44), 요나의 표적(요 21:11), 부활하신 그리스도께서 구워 주신 생선(눅 24:41) 등이 등장한다. 익튀스에 숨겨진 그리스도의 상징을 하나씩 풀어 보자.

'이에수스'(예수)는 '하나님께서 구원하신다'라는 뜻을 지닌 히브리어 '예수아'(여호수아)의 헬라어 번역이다. 이 이름에는 포로기 이후 유대인의 간절한 바람이 깃들어 있다. 고레스 왕의 명에 따라 팔레스타인 땅으로 돌아온 유대인들은 예전의 영광을 재현하기커녕 변변한 국가조차 세울 수 없었다. 말라기와 에스라 시대 이후 400여 년 동안 유대인들은 헬라 제국과 로마 제국의 지배 아래, 속국의 신세에서 벗어나지 못했다. 그런 상황 속에서 유대인 가정은 남자아이가 태어나면 '예수'라는 이름을 지어 주고 하나님이 자신들을 이방의 손아귀에서 해방하는 구원의 날을 고대했을 것이다.

'크리스토스'(그리스도)는 '기름 부음 받은 자'라는 의미를 지닌 히브리어 메시아(혹은 마쉬아흐)의 헬라어 호칭이다. '기름 부음 받은 자'는 신정 국가 이스라엘에서 하나님의 통치나 특별한 구원 사역을 위해 기름 부음을 받고 성별된 자를 가리켰는데, 이 명칭은 왕, 제사장, 선지자뿐만 아니라 족장들과 고레스 왕에게도 사용되었다. 바벨론 포로기를 겪고 난 후기 유대교에서 메시아는 정치적 해방자를 고대하는 대중의 호칭으로 변모하였다. 그 시기 유대인들에게 메시아는 마카비 혁명의 주역이었던 유다 마카비를 연상시키는 민족적 영웅의 호칭이었다. 마카비 혁명은 시리아 제국(셀류코스)을 통치하던 안티오쿠스 에피파네스 왕이 히브리 민족과 여호와 신앙을 강제로 헬라화하려는 억압적 지배에 저항한 유대 독립의 역사였다. 유대 지역을 지배하던 안티오쿠스는 할례를 금하고 곳곳에 우상 신당을 지었으며, 심지어 예루살렘 성전에 제우스 신상과 헬라식 제단을 세워 돼지를 제물로 바치는 '가증한 일'을 벌였다. 이에 참다못한 제사장 맛다디아가 의거를 일으켜

산당 우상들을 파괴하고, 변절한 유대인들에게 강제로 할례를 받게 했다. 그의 아들 유다 마카비는 아버지의 혁명을 이어 대규모 전투에서 시리아 제국의 군대를 격파했다. 그리고 기원전 164년 성전을 정화하여 여호와께 드리는 제사를 회복하였다. 이날을 기념하는 유대인의 명절이 수전절이라고 불리는 하누카 명절이다. 유다 마카비는 메시아로 추앙받았고, 이후에도 민중 봉기나 독립운동을 일으키는 인물들은 정치적 메시아로 추종되거나 자칭하였다. 이러한 대중의 기대를 아셨던 예수는 공생애 기간에 메시아 호칭의 사용에 무척 신중하셨다. 제자들은 예수의 부활 후에야 십자가에서 죽으시고 부활하신 그분이 바로 온 이스라엘이 기다리던 메시아라고 당당히 선포할 수 있었다. 하나님이 보내신 메시아는 온 세상을 죄와 사망으로부터 구원하는 분이셨으며, 따라서 칼의 힘으로 해방을 가져오는 혁명 전사가 아니라 십자가 위에서 화목 제물이 되셔야 했다고 말이다.

17b

'테우 휘오스'(하나님의 아들)라는 칭호는 유대 전통이나 헬라 문화에서 탁월한 인물이나 의인에게 붙여졌다. 유대인은 다윗의 자손이나 이스라엘 민족 전체, 혹은 천사들을 '신의 아들'이라고 불렀다. 하지만 예수가 자신을 하나님의 아들이라고 말씀하실 때 그 의미는 유대 전통과 헬라 문화의 범위를 넘어섰다.

아버지여 창세전에 내가 아버지와 함께 가졌던 영화로써
지금도 아버지와 함께 나를 영화롭게 하옵소서(요 17:5).

예수가 말씀하시는 '하나님의 아들 됨'은 성육신하신
그리스도가 인간으로서 살고 가신 삶이나 공식적 소명까지도
초월하는 '영원한 아들 됨'이었다. 바울은 바로 이것이 우리가
하나님의 아들로 '입양'됨과 연결된다고 밝힌다. 영원하신
하나님의 아들은 성육신을 통해 사람의 아들이 되셨는데, 이는
하나님이 우리로 "그 아들의 형상을 본받게"(롬 8:29) 하려
함이다. 성부의 사랑, 성자의 인격과 사역, 성령의 교통하심으로
이뤄지는 구속의 경륜에서 우리는 하나님의 아들로 입양된다.
그리스도인들은 신적 입양을 통해 '그리스도의 아들 됨'에
참여하고 그리스도 안에서 하늘 아버지의 자녀가 되어 성부와
성자가 나누신 사랑의 관계에 들어간다.

'구원자' 혹은 '구주'라는 의미의 '소테르'는 유대인들이
구원자이신 하나님을 부를 때 사용한 히브리어 '모쉬아'에
상응한다. 하지만 소테르는 유대인 그리스도인보다 이방인
그리스도인들에게 익숙한 용어였다. 헬라인들은 자신들을
돕고 구원해 주는 신에게 소테르라는 호칭을 붙여 제우스
소테르, 디오니소스 소테르, 아테나 소테리아 등으로 불렀다.
헬라인인 누가가 이방인 그리스도인들을 위해 기록한
누가복음과 사도행전에서 예수를 소테르라고 부른 것은 이런
배경에서 이해할 수 있다(눅 2:11; 행 5:31, 13:23). 누가는 이 세상의
구원자가 헬라의 신들이 아니라 오직 예수 그리스도라고
선언한다. 한번 상상해 보라. 그리스도인을 향한 시선이
곱지 않던 로마 제국의 어느 거리와 시장과 가정집과 예배
처소에서, 신자들은 흙벽이나 땅이나 손바닥에, 그마저 여의치
않으면 마음속으로, 두 곡선을 교차해 그으면서 이렇게
속삭였을 것이다.

예수는 그리스도시요, 하나님의 아들이며, 우리의 구세주시다.

# 18. 그리스도의 양성 논쟁이란?

니케아 공의회에서 정통 삼위일체 교리가 정립되고 난 후,
논쟁의 불씨는 그리스도의 신성과 인성을 다루는 '양성 논쟁'
으로 옮겨 붙었다. 양성 논쟁은 그리스도라는 한 인격 안에
어떻게 신성과 인성이 조화를 이루며 서로 관계 맺는지를 묻는다.
신성과 인성의 구분이 엄중했던 헬레니즘 시대에 이 문제는
난제 중의 난제였다. 신성이 전지전능, 편재, 무한함과 영원함,
지고한 위엄으로 가득 찬 빛의 영역이라면, 인성은 제한된 지식과
제한된 능력, 결핍, 필멸의 비애, 천함과 연약함이 드리워진
어둠의 영역이었다. 빛과 어둠이 그렇듯 둘은 서로 모순되어
섞일 수 없다는 것이 그 시대의 상식이었다. 어쩌면 그 시대의
문법으로는 '참하나님이며 동시에 참인간이신' 예수 그리스도의
존재를 제대로 설명할 수 없었을 것이다. 그것이 양성 논쟁이
갈등과 파국으로 치달았던 이유일지도 모르겠다. 이 문제를
둘러싸고 당시 기독교 신학의 양대 산맥을 이루던 알렉산드리아
학파와 안디옥 학파는 격하게 대립하였다. 1,500년 전 교회를
두 갈래로 찢어 놓은 논쟁의 역사를 들여다보자.

키릴루스가 이끌던 알렉산드리아 학파는 '성자는 성부와 동일
본질을 지니신 하나님이다'라는 니케아 정통을 전제로, '하나의
인격'이신 그리스도 안에 어떻게 신성과 인성이 함께 깃들어
있는지 설명하려 했다. 단일하고 순수한 것이 더 고차원적인
존재라는 사고가 뿌리 깊은 이들에게 한 인격은 반드시
하나의 본성을 지녀야 했다. 이들은 그리스도에게 인성보다

신성이 더 중요하다고 여겼고, 그러다 보니 인성의 요소를 신성에 흡수시켜 버리려 했다. 이런 경향은 알렉산드리아가 초기 기독교 플라톤주의의 중심지였다는 사실과 무관하지 않다. 플라톤주의는 영원에 시간이 흡수되고, 영혼에 물질이 병합되며, 영적 해석이 역사적 해석을 잠식하는 이원론적 세계관이기 때문이다. 알렉산드리아 학파 출신이자 키릴루스의 추종자였던 유티케스는, 마치 포도주 한 방울이 바다에 떨어지면 흔적도 없이 바닷물에 흡수되듯 그리스도의 신성과 인성이 합쳐질 때 결국 하나의 본성(신성)만이 남게 된다고 하였다. 그래서 이들에게는 '단성론자'라는 이름이 붙었다.

당시 기독교 신학의 또 다른 중심지였던 시리아 안디옥은 헬라 철학이 강한 알렉산드리아와 달리, 그리스도의 인성을 중요시했다. 안디옥 학파를 대표하는 신학자 몹수에스티아의 테오도르는 그리스도의 인격 안에 로고스의 신성과 예수의 인성이 혼동되거나 섞이지 않고 고유한 속성을 유지한다고 주장했다. 이는 알렉산드리아의 단성론과 대립되는 지점을 형성했다. 양성 논쟁에 불을 붙인 인물은 테오도르의 제자이자 콘스탄티노플의 대주교 네스토리우스였다. 안디옥 출신의 네스토리우스는 그리스도가 취하신 인성이 완전하지 않거나 중요치 않다는 인상을 주는 알렉산드리아의 단성론을 용납할 수 없었다. 그는 마리아를 '하나님의 어머니'라고 부르는 예배 관습이 제국의 수도에 만연함을 보고 경악했다. 그는 그리스도의 인성이 마리아에게서 온 것은 맞지만 그의 신성은 마리아와 무관하다고 하면서, 마리아를 '그리스도의 어머니'라고 불러야 한다고 주장했다. 네스토리우스의 주된 관심은 마리아의 호칭 자체보다 그리스도 인성의 고유성을 보존하여 신성과 섞이거나 잠식되지 않게 하는 데 있었다. 이는 그리스도 안에 신성과 인성, 신적 인격과 인적 인격이 서로 분리되는 것처럼 보였기 때문에 반대편으로부터 '양성론자'라는 비난을 받았다.

125

아리우스 논쟁으로 기독교가 첨예하게 대립했던 때와
비슷하게, 키릴루스와 네스토리우스의 대결도 파국으로
치닫는다. 한편으로 이 파국은 신학에서 예수 그리스도가
누구신가 하는 질문이 지닌 무게 탓에 벌어졌다. 그러나
다른 한편으로는 정통의 수호자라는 명성이 무색할 만큼
무자비하며 온갖 술책에 능했던 키릴루스와, 고지식하기만
했던 네스토리우스 사이의 충돌 때문이기도 했다. 길고
복잡한 역사를 간단히 정리하자면 이렇다. 네스토리우스는
키릴루스와의 논쟁에 종지부를 찍기 위해 동방 황제
테오도시우스 2세와 서방 황제 발렌티아누스 3세에게 공의회
소집을 요구했고, 그 결과 431년에 에베소 공의회를 열기로
했다. 그러나 교활한 키릴루스는 회의 장소에 미리 도착하여,
네스토리우스를 지지하는 안디옥 주교들이 도착하기도 전에
회의를 시작해 버렸다. 그는 일방적으로 네스토리우스를
이단으로 정죄하고 면직시킨 뒤에 폐회를 선언했다. 뒤늦게
도착한 네스토리우스와 안디옥의 주교 요한은 불법적인 회의가
무효라고 선언하고 키릴루스를 이단으로 정죄하였지만, 결국
서방 황제가 키릴루스의 손을 들어 주면서 네스토리우스는
유배당하는 신세가 되었다. 변방으로 추방된 네스토리우스는
비참한 죽음을 맞이했지만, 그의 추종자들은 제국을 빠져나가
페르시아, 이집트, 시리아를 거쳐 인도와 당나라까지
네스토리우스의 가르침을 전파했다.

그리스도 양성 논쟁은 451년 칼케돈에서 열린 공의회에서
종지부를 찍는다. 칼케돈 공의회는 알렉산드리아 학파와
안디옥 학파에서 나온 극단적인 견해들을 정죄하고 양측
견해의 핵심과 장점만을 모아서 균형과 절충을 시도하였다.

> 우리 주 그리스도는 우리에게 단 한 분의 아들이시며,
> 신성에 있어서 완전하시며 또한 인성에 있어서 완전하신,
> 참 하나님이시고 참 인간이시며, 이성적 영혼과 육체를 가지고
> 계시며, 신성에 있어서 성부와 동일 본질이시며, 인성에 있어서

다만 죄를 제외하고는 모든 면에서 우리와 같으시다.

이어서 신조는 그리스도의 신성과 인성이 '혼합하거나 변화되지 않는다'고 말함으로써, 키릴루스의 영향을 받은 유티케스의 극단적인 단성론을 비판했다. 또한 두 본성이 '분열이나 분리가 없다'고 함으로써 네스토리우스의 양성론을 비판하였다. 이어서 '한 위격'을 강조하여 알렉산드리아와 키릴루스의 입장을 반영하고 '두 본성'을 강조함으로써 네스토리우스와 안디옥의 주장을 수용하였다.

## 18

칼케돈 신조는 '참하나님이시며 참인간이신' 그리스도의 신비를 해명하기보다 신비로 인정한다. 삼위일체 논쟁부터 그리스도의 양성 논쟁까지 거의 200여 년 동안 수많은 신학자와 감독들이 온갖 분쟁과 모함을 일으킨 역사를 통해, 교회는 묵직한 교훈 하나를 얻었다. 기독교의 진리는 인간의 관점에서 이해하기 힘든 모순과 역설을 품고 있음을 인정할 수밖에 없다는 사실이다. 말로 표현할 수 없는 신비를 인간의 이해와 언어의 틀에 끼워 맞추려고 철학 사상을 동원하다 보면 진리가 혼동되고 교회가 행해 온 신앙고백이 부정될 수 있다. 칼케돈은 길고 치열했던 시행착오 끝에 기독교 신학이 '신비 앞에 엎드리기'를 다시 배운 지점이다.

# 19. 구약 시대에 예수는
어디 계셨을까?

> 태초에 말씀이 계시니라 이 말씀이 하나님과 함께 계셨으니
> 이 말씀은 곧 하나님이시니라 그가 태초에 하나님과 함께
> 계셨고 만물이 그로 말미암아 지은 바 되었으니 지은 것이
> 하나도 그가 없이는 된 것이 없느니라(요 1:1-3).

요한복음의 첫 구절은 예수 그리스도가 만물보다 먼저
계셔서 만물을 지으신 분이라고 말한다. 그리스도가 영원한
하나님이심을 믿는 자라면, 그리스도께서 성육신하기
이전 구약 시대에도 어떤 방식으로든지 역사의 현장에
나타나셨으리라고 기대할 만하다. 초기 교부들부터 칼뱅을
비롯한 정통 신학자들은 구약 성경에서 성육신 이전의
그리스도(the pre-incarnate Christ)가 나타나신 흔적을 찾으려
했다. 이들은 구약 본문에서 일반적인 천사와 다른 '여호와의
사자'(the Angel of YHWH)라는 존재에 주목했다. 이 존재가 단순한
천사가 아니라는 몇 가지 표징이 있다.

첫 번째 특이점은 여호와의 사자가 '여호와'나 '하나님'의
이름을 쓰거나, 본문에서 자연스럽게 '여호와'로 칭호가 바뀌는
현상이다. 이삭의 탄생을 알리러 아브라함을 방문한 '사람 셋'(세
천사) 중 한 존재는 영원하신 하나님의 이름인 '여호와'라는
호칭으로 불린다.

> **여호와**께서 마므레 상수리 수풀 근처에서 아브라함에게

나타나시니라 … **여호와**께서 아브라함에게 이르시되 사라가
왜 웃으며 이르기를 내가 늙었거늘 어떻게 아들을 낳으리요
하느냐(창 18:1-13).

## 19

모세가 시내산에서 부름을 받았을 때도 '여호와의 사자'란
호칭이 '여호와'로 바뀌는 걸 볼 수 있다.

> **여호와의 사자**가 떨기나무 불꽃 가운데서 그에게
> 나타나시니라 … **여호와**께서 그가 보려고 돌이켜 오는 것을
> 보신지라 하나님이 떨기나무 가운데서 그를 불러 가라사대
> (출 3:2-4).

기드온을 만나러 온 여호와의 사자는 자신의 현현을 여호와의
임재와 동일시하고 이후 여호와로 주어가 교체된다(삿 6:11 이하).

두 번째 신적 표징은 '이름 안 가르쳐 주기'이다. 얍복나루의
혈투가 나오는 창세기 32장을 살펴보자.

> 야곱이 홀로 남았더니 어떤 사람이 날이 새도록 야곱과
> 씨름하다가 … 이는 네가 **하나님**과 사람으로 더불어 겨루어
> 이기었음이니라 야곱이 청하여 가로되 당신의 이름을
> 고하소서 그 사람이 가로되 **어찌 내 이름을 묻느냐** 하고 … 내가

129

하나님과 대면하여 보았으나 내 생명이 보전되었다
(창 32:24-30).

에서를 만나러 가던 야곱은 형의 보복을 두려워하여
얍복나루를 최후의 방어선으로 삼고 밤을 지새웠는데, 갑자기
(에서가 보낸 자객일지도 모를) '어떤 사람'이 나타나 야곱과 밤새
사생결단으로 몸싸움을 벌였다. 야곱은 자신의 상대가 사람이
아님을 직감하고 그를 붙들며 축복을 해달라고 빈다. 자신을
'하나님'이라고 칭한 그는 야곱이 이름을 묻자 "어찌하여 내
이름을 묻느냐"라고 하며 꾸짖고 가르쳐 주지 않는다. 이어서
삼손의 출생 내러티브가 나오는 사사기 13장도 살펴보자.

> 마노아가 또 **여호와의 사자**에게 말씀하되 당신의 이름이
> 무엇이니이까 … 여호와의 사자가 그에게 이르시되 **어찌하여**
> **이를 묻느냐 내 이름은 기묘니라**(삿 13:17-18).

여기서도 여호와의 사자는 통성명을 요청하는 마노아에게 이름
알려 주기를 거부한다. 호세아는 야곱이 겨루고 축복을 간구한
천사가 만군의 하나님 여호와였다고 밝혀 준다(호 12:3-5).

고대 근동에서 이름은 단순히 누군가를 지칭하는 지시어가
아니라 본질에 직접 연결되는 통로였다. 따라서 누군가의
이름을 아는 것은 그와 관계를 맺는 것, 심지어 그에 대한
지배력을 갖는 것이었다. 특히 신의 이름을 아는 것은 그
신과 연결되어 신적 권능을 얻음을 의미했다. 여호와의
사자가 자신의 이름을 가르쳐 주지 않는 이유는 인간에게
자신의 영원한 신성이 완전히 드러날 수 없기 때문이었다.
한글 성경에서 '기묘'로 번역된 히브리어 '펠레이'는
'신묘막측하다'(wonderful, incomprehensible)라는 뜻이므로,
"내 이름은 기묘니라"는 말은 결국 "내 이름이 담고 있는
깊이와 넓이와 높이를 말해 준들 네가 알 수도 없는데 뭘
묻냐"라는 통성명 거절 통보이다.

여호와의 사자가 단순한 천사가 아니라 성자 하나님이었음을 암시하는 또 다른 특징은 인간이 드리는 제사와 경배를 허용한다는 사실이다. 여리고 전투를 앞두고 여호수아가 만난 여호와의 군대 대장(수 5:15)도 그랬다.

> 나는 여호와의 군대 대장으로 지금 왔느니라 … **여호수아가 얼굴을 땅에 대고 엎드려 절하고** 그에게 이르되 … 여호와의 군대 대장이 여호수아에게 이르되 **네 발에서 신을 벗으라 네가 선 곳은 거룩하니라** 하니 여호수아가 그대로 행하니라 (수 5:12-15).

천사는 사람이 자신에게 제물을 드려 경배하려 하면 손사래를 치며 극구 말리고 그 영광과 경배를 하나님께 돌려드린다(계 19:10). 그런데 여호와의 군대 대장은 경배를 요구하고, 나아가 거룩한 하나님 앞에서 신을 벗으라고 명한다. 마치 불타는 가시떨기 사이로 나타나신 여호와의 사자가 모세에게 그랬듯이 말이다. 이런 안목으로 구약 성경을 다시 들여다보면 성육신 이전의 그리스도가 구약의 역사 곳곳에 나타나신 것을 찾을 수 있다. 출애굽한 이스라엘 백성을 인도한 구름기둥과 불기둥 사이에 계신 '하나님의 사자'(출 13:21; 14:19, 24), 풀무불에 던져진 다니엘의 세 친구와 함께 있던 '신들의 아들과 같은 네 번째 사람'(단 3:25) 등등.

보내는 자와 보냄을 받은 자를 주종 관계로만 여긴 나머지, 그리스도께 천사(사자)라는 칭호가 붙을 리 없다고 단정하지 말자. 복음서에서 그리스도는 시종일관 자신이 아버지의 이름으로 온 자요(요 5:23), 아버지로부터 보냄을 받은 자(요 6:44, 57)라고 말씀하셨다. 아버지는 아들 안에서 자신을 보내신다. 구약 시대에 여호와의 사자로 보냄을 받으신 그리스도는 정하신 때에 하나님의 아들로 보냄을 받아 성육신하시고 십자가와 부활로 삼위일체 하나님의 구속사를 이루셨다. 천사의 모습으로 구약에 나타나신 분은 하나님의 말씀이시며

아직 육신이 되기 이전에 벌써 그 백성에게 친밀하게
임재하시려고 중보자로서 강림하셨다. 칼뱅의 표현대로,
여호와의 사자로 나타나신 성육신 이전의 그리스도는
성육신과 십자가에 앞서 울린 전주곡이다((기독교 강요) 1.13.10).

# 20. 예수 그리스도가 하나님이라면 왜 겟세마네 동산에서 죽음을 앞두고 고뇌하셨을까?

영화 〈패션 오브 크라이스트〉는 예수가 겪은 십자가의 고난을 극단적이라고 할 만큼 사실적으로 그려낸 것으로 유명하다. 철저한 고증으로 복원한 로마 제국의 형벌은 너무 잔인해서 스크린 너머의 관객들도 몸서리칠 정도였다. 채찍질에 살점이 뜯기고 뼈가 드러나는 예수의 모습은 한편으로 우리 죄를 대신해 고통받는다는 감동을 주지만, 다른 한편으로 하나님의 얼굴이 고통에 일그러진 모습은 우리에게 낯설다. 우리는 하나님이신 그리스도가 당한 고난과 죽음을 어떻게 받아들여야 할까?

신학이 오랫동안 당혹스러워한 장면은 겟세마네에서 기도하던 예수의 모습이다. 십자가의 죽음을 앞두고 기도의 사투를 벌이는 예수의 모습은 애처롭다.

> 내 마음이 심히 고민하여 죽게 되었으니 … 아빠 아버지여 아버지께는 모든 것이 가능하오니 이 잔을 내게서 옮기시옵소서(막 14: 34, 36).

겟세마네는 신학적 난제를 던진다. 단순히 죽음 앞에서 고뇌하는 예수의 인간적인 면모가 진솔하게 드러나는 순간이라고 넘어가기 어려운 지점이 있다. 예수는 처음부터 자신의 운명이 고난과 죽음이라고 제자들에게 암시하고 가르쳤다(막 8:31; 9:31). 예수는 수난과 죽음의 때가 슬픔과 수치의

순간이 아니라 오히려 아버지와 아들이 함께 영화로워지는
순간, 영원부터 기다려 온 하나님의 때라고 했다(요 17:1).
예수의 메시아적 위엄과 신적 영광을 떠올리면 겟세마네에서
보인 예수의 모습은 사뭇 낯설다. 물론 모든 사람이 죽음을
두려워하지는 않는다. 그리스-로마 세계에서는 죽음을
두려워하는 태도가 로고스의 불꽃인 인간의 위엄에 맞지
않다고 생각했다. 소크라테스는 고상하게 죽음을 맞이했다.
그렇다 할지라도 겟세마네는 그리스도의 인성과 신성을
바라보는 시선이 엇갈리는 지점임에 틀림없다.

기독교 신앙에서 성육신하신 그리스도는 완전한 하나님이자
완전한 인간이다. "말씀(로고스)이 육신이 되셨다"(요 1:14)라는
말은, 하나님이신 그리스도가 우리와 같은 인간의 신체와
성정을 지니고 "범사에 우리와 같이"(히 2:11) 되셨음을 의미한다.
사람들은 성육신하신 하나님을 보고 만지고 음성을 듣고
대화하며 음식을 나눠 먹을 수 있었다. 예수는 허기, 피로,
갈증, 희노애락의 성정 등 사람의 경험을 그대로 겪으셨다.
십자가의 고난과 죽음은 인간이 되신 하나님께 실제로 일어난
사실이다. 그러나 동시에 예수는 단순한 인간이 아니라
'참하나님이자 참인간인' 존재였다. 하나님의 본성을 버리고
인간의 본성을 취한 것이 아니라, 여전히 하나님이신 채로
인간이 되신 것이다. 이런 성육신의 신비로 인해 예수의
인격에는 신성과 인성이 함께 거하게 되었다. 그렇기에 예수
그리스도는 지식과 능력에서 유한하며 동시에 무한하고,
시공간 안의 존재이시면서 동시에 시공간을 넘어 영원하시다.
고통받고 죽임당하는 몸과 영혼이면서 동시에 고통과 죽음을
정복하는 불멸의 존재이시고, 만질 수 있는 사람이면서 동시에
불가해한 하나님이시며, 종이시면서 동시에 주님이시다.
성경은 우리의 관념에서 양립 불가한 신성과 인성을 한 분
그리스도께 돌리는 데 주저함이 없다.

태초부터 있는 생명의 말씀[신성]에 관하여는 우리가

들은 바요 눈으로 본 바요 자세히 보고 우리의 손으로
만진 바라[인성](요일 1:1).

겟세마네의 예수를 이해하기 위해서는 오래된 신학의 질문을
꺼내야 한다. 그리스도 안에 있는 신성과 인성이 어떻게 서로
영향을 주고받을 수 있느냐는 질문은, 전통적으로 '속성의
교류'라는 개념으로 답해졌다.

속성의 교류는 그리스도의 단일한 인격 안에서 신성과 인성이
서로 교통함으로 연합한다는 개념이다. 신성과 인성이
그리스도의 인격에 속한다면, 분할되지 않는 한 인격 안에서
두 본성이 모순되지 않아야 한다. 예를 들어 제자들을 사랑하는
예수 안에는 신성에서 흘러나온 사랑과 인성에서 흘러나온
애정이 함께 있다. 다만 우리에게는 한 분 그리스도가 보이신
사랑만 보일 뿐이다. 그리스도의 자기 부인에도 신적인 자기
부인과 인간적인 자기 부인이 있고, 그리스도의 고난에도 신적
고난과 인간적 고난이 함께 있다. 그리스도가 행하는 모든
사역은 인성만으로 될 수 없고 신성과 연합하여 행해져야 했다.
그의 죽음도 마찬가지다. 그리스도의 인성이 대속을 위한 죽음
자체를 가능케 했다면, 그의 신성은 십자가의 죽음이 온 인류의
죄를 용서하고 사망 권세를 멸하여 영원한 생명을 얻게 만든다.

두 본성은 공존할 뿐만 아니라 관류(perichoresis)한다. 이것이

그리스도의 인격이 지닌 신비다. 신성의 영광이 인성의
연약함을 무효화하지 않고 또한 인성의 연약함이 신성의
영광을 가리지 않는다. 둘은 서로 밀어내지 않고 끌어안는다.
둘의 목표는 같다. 십자가의 수난과 죽음은 그리스도의
신성으로 인해 극대화된다. 바로 그분의 신성이 있기에, 예수의
죽음이 구약의 많은 선지자가 당했던 '고난받는 의인의 억울한
죽음'에 머무르지 않고, 인류의 죄를 대신하여 하나님의
진노를 감당하는 유일하고 영원한 제사가 된다. 신으로서의
불멸성은 인간으로서의 필멸성을 가볍게 만들지 않고 오히려
극한으로 무겁게 만든다.

우리의 시선은 그 신비를 포착하지 못한다. 구원 드라마가
펼쳐지는 무대는 그리스도의 신성보다 나약하고 제한적인
인간의 면모를 더 두드러지게 한다. 일종의 '착시 현상'인
것이다. 겟세마네 동산에서 예수가 "내 뜻대로 마옵시고,
당신의 뜻대로 하옵소서"(막 14:36)라고 기도할 때, 우리 눈에는
인간 예수의 의지와 하나님의 의지가 잠시 어긋난 것처럼
보인다. 중보자 그리스도는 삼위일체 하나님의 작정에 따라
성육신과 십자가를 결정하셨으므로 아버지의 뜻과 아들의
뜻이 다를 수 없는데도 말이다. 하지만 인간적 비애와 고뇌로
일그러진 예수의 얼굴을 마주하면 우리의 감각은 혼란에
빠진다. 이 왜곡된 감각과 마비를 극복하는 유일한 방법은
송영이다. 구원의 신비 앞에서 송영을 터뜨린 바울(롬 11:33)처럼
성육신과 십자가의 신비 앞에서 칼뱅은 이렇게 외친다.

> 놀랍도다! 하나님의 아들이 하늘에서 내려오셨지만 하늘을
> 떠나지 않으셨도다! 놀랍도다! 그분이 처녀의 태중에 계셨고,
> 지상에 다니셨으며, 십자가에 달리신 그때에도, 처음과 같이
> 항상 우주에 편만하셨도다(《기독교 강요》 2.13.4).

오직 상한 심령을 가진 자가 하나님의 상하심을 알 수
있으리라.

# 구원론

# 21. 이신칭의 교리는 그리스도인이 거룩하게 살아갈 동기를 약화하지 않을까?

종교 개혁의 불꽃은 교리에 관한 관심보다는 중세 로마 교회가 저지른 윤리적 타락에 반발하면서 시작되었다. 종교 개혁자들은 성경적 진리 못지않게 성경적 삶을 중요하게 여겼고, 개인의 신앙을 변화시키면서 동시에 사회적 관습을 변혁하는 일에 목숨을 다했다. 하지만 루터의 종교 개혁에서 이신칭의가 중요한 이슈였기 때문에 로마 교회에서(심지어 개신교 진영에서도) 비판과 우려가 일어났다.

> 종교 개혁은 지극히 고상한 구원을 천한 싸구려로 만들었다. 이신칭의의 교리는 인간의 전적 타락과 무능을 전제로 오직 하나님의 은혜만 구원을 가능케 하고 인간은 그저 수동적으로 믿는 것 외에는 할 수 있는 일이 없다고 하지 않는가? 그렇다면 인간이 스스로 책임지고 살아가야 하는 삶에 대한 강조는 약해질 수밖에 없지 않은가?

이 말은 하나님의 주권적 은혜와 인간의 책임을 반비례 관계로 설정하며, '은혜와 믿음'을 강조하는 종교 개혁 신학이 인간의 책임을 무시한다고 본다. 과연 그럴까?

루터는 수도사가 되면서 스콜라주의 신학을 공부했다. 토마스 아퀴나스가 수립한 스콜라주의는 기독교 신학과 아리스토텔레스 철학의 방법론을 통합하여 체계화한 합리주의적인 신학이다. 아퀴나스는 아리스토텔레스주의를

따라 인간의 삶과 윤리를 '존재의 목적'(텔로스)의 맥락에서
설명했다. 모든 존재는 목적을 지향하며 행동하고, 그것이 바로
'선'(善)이다. 지고한 선은 하나님이시기에 인간이 추구할 최고의
목적은 하나님을 '알고 이해하는' 것이었다. 하나님을 추구하는
삶이란 선악을 따져서 선한 습관인 덕을 강화하는 것이고,
이를 위해서 인간의 자연적 이성과 의지가 중요한 역할을 해야
했다. 하지만 구원의 문제로 영혼의 고뇌를 겪던 루터에게
아리스토텔레스주의와 여기에 기반을 둔 스콜라주의 신학은
약효가 없는 거짓 처방과 같았다. 그가 품은 의문은 아마
이랬을 것이다.

> 하나님의 뜻은 영원한 신비이고 그분의 길은 인간이 미치지
> 못할 만큼 높은데, 인간이 어떻게 이성과 사고로 그의 뜻과
> 길을 깨닫고 따를 수 있는가? 창조주이자 주권자인 하나님이
> 자신의 선한 의지와 기쁘신 뜻대로 명하실 때, 그 명령이
> 불완전하고 타락한 인간 이성의 기준에 맞춰질 필요는 없지
> 않는가?

이것은 진리, 삶, 구원론과 윤리학을 모두 관통하는 질문이다.
루터 생각에 인간의 지성은 최고선과 행복의 길을 알 수 없는
것처럼 구원의 길도 찾지 못한다. 구원뿐 아니라 참되고 바른
삶에 대해서도 오직 하나님만 우리에게 최선이 무엇인지
아신다. 이 깨달음은 고대부터 인간의 지혜로 쌓은 윤리가
참된 행복을 제시하지 못한다는 인식론적 절망으로 이어졌다.
전적으로 타락한 인간에게는 윤리적인 삶을 살아갈 근거나
자원이 없다. 이 통찰은 윤리적 삶이 필요함 자체를 부정하는
것이 아니라 전혀 새로운 기초가 필요함을 주장한다.

널리 알려졌듯이, 루터의 이신칭의 교리는 파격적인 복음의
재발견이었으며 종교 개혁의 도화선이 되었다. 종교 개혁
역사 초기에 루터는 '인간의 의'와 '인간의 지혜'를 부정하고
'하나님의 의'와 '하나님의 지혜'를 강조했다. 반면 삶의 경륜이

무르익은 만년의 루터는 하나님의 의를 전가받은 그리스도인이
세상에서 어떻게 거룩하고 의롭게 살 것인지를 고민했다.
루터의 초기 신학이 십자가의 세로 막대를 세웠다면 후기
신학은 가로 막대를 덧댄 셈이다. 여기서 나온 사상이 바로
'두 종류의 의', 즉 하나님 앞에서의(coram Deo) 의와 세상
앞에서의(coram mundo) 의다. 루터가 말한 이중적 의와 이중적
삶의 핵심은 이렇다.

> 모든 그리스도인과 교회는 서로 분리될 수 없는 두 차원의
> 삶을 산다. 그들은 **세상 앞에서** 살고 있지만, 그 순간에도 어린
> 양의 보좌를 둘러싼 거룩한 성도로서 **하나님 앞에서** 살아간다.

코람데오의 의는 그리스도를 통해 하나님과 화해하고
하나님의 의인으로 인정받는 의이다. 이것은 우리
바깥으로부터 주어지며 오직 믿음으로 얻는 것이기에
수동적인 의다. 코람데오의 의는 그리스도 안에서
계시되었으며, 하나님의 왕국, 교회와 신앙의 영역에 속한다.
한편 코람문도의 의, 즉 세상 앞에서의 의는 일단 코람데오의
의를 부여받은 그리스도인들이 자기 부인과 이웃 사랑을 통해
세상과 사람들 앞에서 드러내는 의이다. 이것은 우리의 양심에
따라 실행하는 능동적 의이다. 그리스도인들은 세상의
권력이 지배하는 세속적 왕국에서, 죄의 오염에 대항하며
성령이 주시는 다양한 은사를 가지고 세상을 변화시킨다.
한마디로 코람데오의 신적 임재를 경험한 이들이 세상에서
살아가는 거룩한 삶이 코람문도의 삶이다. 인간 자신의 지혜로
구축한 삶의 방법은 신뢰할 수 없기에 하나님 앞에서 의를
경험하지 않은 자가 세상 앞에서 의를 말할 수 없다고 루터는
확신했다.

> 참된 삶과 인간의 행복을 바라는 이들이여, 먼저 하나님 앞에
> 서라!

종교 개혁자들은 새로운 윤리적 삶을 촉구했다. 이들의 요청은
'너희는 죄인이다'라는 하나님의 판정을 인정하고, '내가 나의
은혜와 권능으로 너희를 의롭게 하겠다'는 하나님의 약속을
믿으라는 초청이기도 하다. 이는 또한 인간의 헛된 몸부림을
멈추고 하나님이 우리 안에 창조하시는 새로운 본성을
기다리라는 약속이다. 코람데오는 결국 인간이 하나님 앞에
서서 우리 자신이 누구인지, 무엇이 옳고 그른지, 어떻게
살아가야 하는지 귀 기울이고 전적으로 순종하라는 명령이다.
이들은 또한 '코람문도를 통해 코람데오의 삶을 살라'고 외쳤다.
세상에서의 모든 삶은 하나님의 존전에서 사는 것이다. 사제와
수도사들만 하나님 앞에서 살아가는 것이 아니라 구두 수선공,
농부, 학자, 기사와 성직자 모두 각자 처한 삶 속에서 하나님의
부르심에 응답하며 살아간다는 의식을 일깨웠다.

이신칭의를 통해 얻는 코람데오의 의는 더 높은 수준의
윤리와 경건의 삶을 요구한다. 높은 산에서 기원한 물줄기가
낮은 골짜기로 흘러갈 수밖에 없듯이 하나님 앞에서의 의는
세상과 사람들 앞에서의 의로 이어진다. 그렇기에 루터와
종교 개혁자들이 재발견한 복음이 삶의 윤리를 약화시킨다는
주장은 터무니없다. 반대로 이신칭의의 복음과 은혜의 구원은
그리스도인의 삶과 윤리를 더 깊고 높은 차원으로 인도한다.

## 22. 가나안 족속을 진멸하라고 명하신 하나님과 십자가 사랑의 하나님은 동일한 분일까?

구약 성경을 읽다 보면 어떻게 받아들여야 할지 몰라 미간이
찌푸려지는 순간이 있다. 가나안 일곱 족속과 전쟁에서 성읍의
모든 거주민을 학살하고 심지어 가축까지도 진멸하라(신 7:2;
13:15)는 헤렘 명령이 그중 하나다. 역사적으로 헤렘 명령은
거룩한 전쟁(holy war)이라는 이름 아래 십자군 원정, 신교와
구교의 종교 전쟁, 식민주의 침탈에서 벌어진 학살과 배척을
정당화하는 명분이 되어 왔다. 이는 사랑과 용서의 종교인
기독교에 이질적인 요소처럼 보인다. 초기 이단인 마르키온은
헤렘을 명한 야훼가 그리스도께서 전한 사랑의 하나님일
리 없다며 구약 전체를 부정하려고 했을 정도이다. 헤렘은
기독교의 복음과 전혀 어울리지 않는 요소일까?

히브리어 '헤렘'의 의미는 이중적이다. 긍정적인 의미에서는
'하나님께 온전히 바쳐진 물건(봉헌물)'을 뜻하지만, 부정적인
의미에서는 '하나님께 가증하여 접촉과 소유가 금지되고
진멸되어야 할 것'을 뜻한다. 구약 시대에는 성전 봉사에
바쳐진 사람이나 성전고에 바쳐진 물건을 헤렘이라고
불렀는데, 이들은 하나님께 온전히 바쳐지기 위해 세상의
용도와 무관하게 지극히 거룩한 것으로 구별되었다(레 27:28-29).
반면 '진멸해야 마땅한 것'의 의미로 쓰인 헤렘은 가나안 정복
전쟁의 맥락에서 등장한다.

네 하나님 여호와께서 그들을 네게 넘겨 네게 치게 하시리니

그때에 너는 그들을 진멸할(헤렘) 것이라(신 7:2).

신명기에서 가나안 일곱 족속을 진멸하는 헤렘은 우상 숭배자들과 우상을 철저히 파괴하라는 명령이었다. 그것들은 절대 하나님께 속할 수 없고 하나님의 백성들 가운데 둘 수 없다. 따라서 하나님이 어떤 성읍에 헤렘을 명하시면, 성읍 안 호흡 있는 모든 것을 살해하고 부술 수 있는 모든 물건을 파괴해야 했다. 파괴할 수 없는 은금과 동철 기구는 여호와의 곳간에 들여 사사로이 취하지 못하게 했다. 진멸시킬 것을 부당히 취하는 자도 진멸의 대상이 될 만큼 헤렘은 엄중한 명령이었다.

가나안 정복의 첫 전쟁이 있었던 여리고 성과 아이 성은 대표적인 진멸 대상이었다. 고대 세계에서 적의 성읍 거주민을 노예로 삼고, 귀인들을 사로잡아 몸값을 뜯어내고 전리품을 취하는 것은 전쟁의 규칙이자 셈법이었다. 하지만 하나님이 진멸을 명하신 이유는 가나안 전쟁이 단순한 정복 전쟁이 아니라 우상의 땅에 대한 하나님의 심판이었기 때문이다. 단순한 정복 전쟁이라면 이스라엘 백성이 전리품을 취해야 마땅하지만, 하나님의 전쟁인 가나안 전쟁에서는 이득을 취하는 것이 금지되었다. 이런 의미에서 하나님께 '온전히 바친 물건'(헤렘)을 몰래 빼돌린 아간의 범죄는 가나안 전쟁의 본질을 근본적으로 왜곡한 일이었으며, 이스라엘 백성 전체의 운명을 위협했다(수 7장).

하지만 진멸의 헤렘은 실제 역사에서 철저하게 수행되지는 않았을 가능성이 크다. 만일 "여호수아가 온 땅과 그 모든 왕을 쳐서 하나도 남기지 아니하고 무릇 호흡이 있는 자는 진멸(헤렘)하였으니 이스라엘의 하나님 야훼의 명하신 것과 같았더라"(수 10:40)라는 선언이 문자 그대로 실현되었더라면, 정복 전쟁 이후 약속의 땅에서 가나안의 족속들은 씨를 찾아볼 수 없어야 했다. 하지만 사사기를 보면 가나안 땅에 여전히 이방 족속들이 함께 거주하고 있다.

설령 헤렘이 실제 역사가 아니라 전쟁의 승리를 공언하는
수사적 표현이라 할지라도, 또한 고대 근동에서 성인 남자와
부인, 자녀, 종, 재산은 하나의 집단적 일체로 여겨졌다는
문화적 차이를 고려해도 그 명령 자체가 현대인의 감각에
거슬린다는 사실은 달라지지 않는다.

진멸이라는 표상 뒤에 숨은 헤렘의 참뜻은 무엇일까. 헤렘은
하나님이 언약 백성인 이스라엘 백성의 거룩함을 지키시기
위해 내린 조치이다. 가나안 족속의 우상 숭배는 사람들과
소유물, 건물, 가축의 모든 것에 배어 있기 때문에, 철저히
파괴하지 않고 잔존시키면 결국 음란하고 탐욕스러운 문화가
언약 백성의 영혼과 몸을 잠식할 것이다(그리고 안타깝게도 그런
우려는 현실이 되었다). 하나님이 헤렘을 명하는 이유는 가나안 땅에
야훼를 믿는 백성의 삶을 정초하고자 철저한 정화가 필요했기
때문이다. 그렇기에 헤렘의 대상은 가나안 족속에만 한정되지
않는다. 여호와를 대적하는 열방(사 32:2)도 헤렘의 대상이고,
야훼 신앙에서 멀어진 이스라엘 백성과 땅도 헤렘의 대상이
된다(이스라엘과 유다의 멸망과 바벨론 유수는 일종의 헤렘이다). 진멸의
헤렘을 대할 때, 우리는 단지 살육과 파괴의 표상에만 시선을
빼앗기지 말아야 한다. 구원의 전체 이야기 속에서 헤렘 명령은

하나님이 타락한 세상 속에서 행하는 죄와 악한 문화를
얼마나 단호하게 심판하시는지, 그리고 하나님의 언약 백성이
거룩하고 선한 삶을 해치는 우상과 우상숭배 문화에 얼마나
철저하게 저항해야 하는지를 강변한다. 진멸의 잔혹함에 몸을
떨 것이 아니라 우리 죄의 사악함에 몸서리쳐야 한다는 말이다.

구속의 전체 드라마에서 볼 때, 헤렘의 의미는 그리스도의
십자가에서 비로소 해명된다. 그리스도의 죽음에는 헤렘의
이중적 의미, 즉 완전한 봉헌과 완전한 진멸의 의미가
공존한다. 봉헌의 헤렘으로서 그리스도는 아버지께 순종하여
기꺼이 자신을 하나님께 온전히 바쳐진 거룩한 어린양으로
드리셨다. 진멸의 헤렘으로서 그리스도는 정죄와 저주의
대상이 되어 우리의 죄를 위하여 죽으시고 우리를 죄와
사망에서 건지셨다. 이 이중적 헤렘을 통해서 그리스도와
연합한 모든 신자는 진노와 심판으로부터 벗어나 하나님께
전적으로 바쳐진 "거룩한 산 제물"(롬12:1)이 된다. 사나 죽으나
주께 속한 자들은 하나님 앞에 용납될 수 없는 죄와 악이라면
어떤 모양이라도 버리는 성별의 헤렘을 시행해야 한다.
그리스도 안에 있는 자가 온전한 헌신의 삶으로 나아가는
것과 달리, 그리스도 밖에 있는 자는 여전히 저주 아래 있다.
히브리어 헤렘에 해당하는 헬라어 '아나세마'는 그리스도의
구속 바깥으로 내쫓기는 파문의 저주를 뜻한다.

> 만일 누구든지 주를 사랑하지 아니하면 저주를 받을지어다
> 우리 주여 오시옵소서(고전 16:22).

그리스도의 십자가는 누군가에게 놀라운 은혜와 생명의
전조이지만, 다른 누군가에겐 두려운 심판과 저주의 전조이다.

마르키온이 틀렸다. 헤렘을 명하시는 진노의 하나님은 자기
아들을 죽이심으로 우리를 향한 사랑을 확증하신 바로 그
은혜의 하나님이 맞다.

# 23. 만사가 하나님의 예정과 섭리대로 이뤄진다면 우리는 왜 기도해야 할까?

성경은 하나님이 세상 만사를 미리 정하시고 그 결정대로 세상을 운영하신다고 말한다. 기독교 신학은 이것을 작정, 예정, 섭리의 개념으로 설명한다. 신적 작정(divine decree)은 하나님이 완전한 지식에 기초하여 모든 일이 발생하고 진행되도록 영원 전부터 그분의 주권으로 미리 정하셨다는 개념이다. 그리고 그 가운데 특별히 도덕적이고 인격적인 피조물의 운명을 정하심이 예정(predestination)이다. 섭리(providence)는 만물이 그분의 작정과 예정에 일치하도록 창조 세계의 질서를 운행하시는 행위이다. 작정과 예정은 창조 전 영원의 차원에서 이루어졌고 섭리는 창조 이후에 실행되었지만, 하나님에게 과거나 현재나 미래가 동시적에 존재한다는 아우구스티누스의 '영원한 현재' 개념으로 볼 때 섭리는 결국 영원한 작정 및 예정과 하나로 묶인 개념이라고 말할 수 있다. 그렇다면 예정하시고 섭리하시는 하나님의 주권적 결정을 받아들이면서도 무엇인가를 놓고 기도할 수 있을까?

예정과 섭리는 성경을 근거로 진술된 교리이지만 단편적인 계시를 가지고 전체 그림을 꿰맞추기 힘든 초거대 개념이다. 시간을 뛰어넘는 결정이자 시간 속 모든 인과관계를 포함한 무한대 방정식과 같기 때문이다. 우리의 비좁은 뇌가 만사 배후에서 한 치의 오차도 없이 움직이는 질서를 어떻게 감당할 수 있겠는가. 예정과 섭리 같이 거대한 신념은 머릿속에서 만들어질 수 없고 우리의 영혼과 몸이 그 안에 뛰어들어야 알 수 있다. 사람들은 이 사실을 오해하고 예정과 섭리를 낭만적 허구나 사변적 궤변으로 여긴다. 하지만 이는 무엇보다 신앙고백을 담은 실천적인 교리이다. 처음 예정 교리를 말한 아우구스티누스나 그를 계승한 칼뱅도 '어떤 사람은 구원받고 어떤 사람은 구원받지 못하는 이유'나 '어떤 사건이 발생하는 필연성과 법칙'을 해명하려 하지 않았다. 특히 칼뱅은 살아 있는 신앙이 아니면 예정과 섭리의 진리를 인식할 수 없다고 여겼다. 신앙에 입문한 새내기 그리스도인이 머리로 수긍하는 교리가 아니라, "하늘에 머리를 들이밀고 바다에 발을 담가 본" 참된 신앙인이 고백하는 교리, 체득(embodiment)의 교리인 셈이다. 하늘에 들어가 보지 않고 머릿속에 그 거대한 진리를 집어넣으려 할 때 하나님은 폭군처럼 보이며 인간은 비인격적인 세계에 갇힌 벌레처럼 보인다. 어떤 이들은 예정과 섭리가 성경이 말하는 하나님과 구원의 진리와 상충한다고 생각한다. 인간의 자유의지를 무력화하여 무책임한 태도에 변명거리를 주고 숙명론을 조장한다는 것이다. 과연 그럴까?

모든 교리에는 말하는 것과 말하지 않는 것이 있다. 예정과 섭리 교리는 우리가 하나님의 비밀 설계도를 열람할 수 있다고 말하지 않는다. 오히려 하나님은 인생의 질서를 감추셔서 우리가 그것을 예측하지 못하게 하셨다(전 7:14). 그렇기에 어떤 사건이 일어나는 이유와 필연성은 하나님의 작정 속에 감추어져 있어 우리 눈에 불확실해 보인다. 하지만 예정과 섭리 교리는, 모든 사건이 불확실성으로 범벅이 된 우연처럼 보일지라도 그 뒤에는 흔들리지 않는 하나님의 계획과 정교한 손길이 있다고 이야기한다. 그래서 칼뱅은 예정과 섭리를 하나님의 "은밀한 축복"이라고 불렀다. 땅의 길이 우리에게 숨겨져 있지만 우리를 향한 하나님의 뜻이 복됨은 확실하다. 이것이 파란만장한 삶을 거친 한 신학자의 고백이다. 확실함과 불확실함이 혼재하는 예정과 섭리 교리는 결정론의 혐의를 벗는다. 하늘이 땅 위에 드리워 있지만 덮어 누르지 않는

것처럼, 예정과 섭리는 인간의 삶이 지닌 우연성과 개방성을
지워 버리지 않는다. 하나님의 '영원한 현재'가 지닌 확실성은
인간의 '과거와 현재와 미래'가 지닌 불확실성을 품어
인도한다.

예정과 섭리를 믿는 자는 하나님의 모든 계획을 밝혀 인생의
불확실성을 제거하려 애쓰지 않는다. 삶에서 일어나는 낙심과
의심을 없애려 하지도 않는다. 그 진리를 체득한 자들은 모든
일, 다시 말해 암세포, 빈궁, 악한 원수들, 절망까지도 자신을
향한 하나님의 계획을 이루는 재료로 사용된다고 믿는다.
상식을 뛰어넘는 위대한 진리에 눈을 뜨는 것이다.

> 우리가 알거니와 하나님을 사랑하는 자 곧 그의 뜻대로
> 부르심을 입은 자들에게는 모든 것이 합력하여 선을
> 이루느니라(롬 8:28).

그래서 그리스도인들은 기도한다. 예정과 섭리의 사각지대가
아니라 한복판에서 기도한다. 기도 역시 하나님의 영원한
목적을 이루는 데 사용하시는 '모든 것'의 일부이기 때문이다.

예정과 섭리는 그리스도인들의 책임과 열정을 빼앗는
위압적인 교리가 아니다. 그것은 오히려 우리 삶에서 기도와

찬양을 일으키고 삶의 신비에 감격하게 만드는 활력소이다.
예정과 섭리는 혼란스러운 삶의 배후에 하나님의 사랑과
평화의 질서가 있음을 믿게 하여 큰 위로를 준다. 하나님은
매트릭스의 설계자(Architect)가 아니라 아들을 내어주시기까지
우리를 사랑하신 인격적인 하나님이시다. 그 사실을 망각한
기계론적인 접근은 하나님의 예정과 섭리가 '인간의 의지와
기도'를 품어 쓰는 방식을 이해할 수 없다. 그리할진대 땅에서
매고 푸는 대로 하늘에서 이뤄지는 이치(마 16:19)까지 말해
뭐하겠는가.

## 24. 모든 그리스도인이
## 초자연적인 은사를 구해야 할까?

사도행전과 초대 교회 역사에 기록된 기적들은 우리처럼
평범한 사람들에 의해 행해졌다(행 14:15). 성경을 하나님의
말씀으로 믿는 그리스도인이라면, 성경이 증언하는 이적들을
무협지에 나오는 허무맹랑한 장면으로 넘길 수 없다. 오늘날의
그리스도인도 그런 초자연적인 은사와 신비한 체험을 기대해야
할까?

사도들은 성령의 능력으로 말미암아 예수가 행한 표적과
기사를 행할 수 있었다. 우리가 경험하는 구원의 시작,
중간, 끝을 아우르는 모든 과정은 성령이 행하시는 다양한
활동의 결과이다. 그런데 그 과정 가운데 어떤 일들은 모든
그리스도인에게 일어나고, 어떤 일은 특정한 그리스도인에게
일어난다. 먼저 모든 그리스도인은 거듭나면서 그리스도와
연합하여 그분의 몸 된 교회에 속하는 '성령 세례'(고전 12:13)를
받는다. 또한 '성령 충만'(엡 5:18)을 받아서 넘치는 하나님의
사랑으로 친밀한 사귐을 누린다. 그리스도를 닮아 성품과
삶이 거룩해지며 '성령의 열매'(갈 5:22-23)를 맺는다. 하지만
'성령의 은사'는 누구나 받을 수 있는 것이 아니다. 은사는
교회의 덕을 세우려고 성령이 적절한 이들에게 나눠 주시는
능력이므로 모두 받을 필요가 없다. 앞의 세 가지는 모든
그리스도인을 향한 '일차적 부르심'에 해당한다. 성령 세례를
받아 그리스도와 연합한 신자는 성화의 삶 속에서 성령으로
충만해져야 하고 거룩한 성품의 열매를 갖춰야 한다. 이생에서

미흡한 부분은 죽음의 관문을 통과하면서 완전하게 채워질 것이다. 하지만 성령의 은사는 '이차적 부르심'에 해당한다. 특정한 목적을 위해 특정한 자질이 특정한 기간에 특정한 사람에게 주어져서 주를 섬기도록 하는 것이다. 모든 그리스도인이 다 사업가나 정치인이 아닌 것처럼, 성령 세례를 받고 성령 충만으로 성령의 열매를 맺어 가는 그리스도인이라고 해서 당연히 성령의 은사를 받는 것은 아니다.

성령의 은사는 교회의 일차적 사명 즉 예배, 섬김, 선교라는 목적을 위해 주어진다. 영적 싸움을 앞둔 군사를 채비시키는 하나님의 전신갑주처럼 은사는 일종의 보급품이다. 성령은 그리스도인이 다양한 은사를 가지고 공동체의 섬김 현장에 참여하게 하고, 그렇게 자신의 삶을 그리스도의 생명과 구원의 거대한 이야기에 통합하게 만든다. 은사의 이차성은 은사가 그 자체로 추구할 무엇이 아님을 의미한다. 은사는 항상 타자 지향적이고 자기 초월적인 도구이다. 그 점은 교회 안과 교회 밖의 직분도 마찬가지이다. 은사와 직분은 자신을 바라보는 것이 아니라 서로 돕고 세우라고 성령이 주신 것이다. 여러 은사는 우리 바깥(성령)으로부터 와서 우리 자신을 거쳐 다시 우리 바깥(타인과 세상)으로 흘러나가도록 설계되었다. 타인과 교회를 위해 쓰이지 않는 은사는 삼투압 작용이 일어나지 않는 소금, 검은 천에 가려진 빛과 같다. 은사는 우월감을 치장하는 왕의 홀이 아니라, 종에게 들린 지팡이다.

151

신약 성경은 곳곳에서 다양한 은사를 말하지만 어떤 것도 완결된 목록이 아니다(롬 12:3-8; 고전 12:27-31; 엡 4:7-16). 교회의 사역을 풍성하게 만드는 자질 목록은 얼마든지 확대할 수 있다. 교회를 건강하고 거룩하게 세우는 일에는 음악적 재능, 요리 실력, 정원 손질 경험, 회계 전문 지식, 시설 관리 등 다양한 영역의 자질과 섬김이 필요하기 때문이다. 성령께서 나눠 주신다는 의미에서 모든 은사는 '신령한' 은사이다. 그럼에도 은사들은 인간의 자연적인 능력에 결부되는 것과 초자연적인 능력에 결부되는 것으로 구분할 수 있다. 가르치는 은사, 섬기는 은사, 위로하는 은사, 구제하는 은사는 전자에 속하고, 방언, 예언, 신유, 영 분별 등은 후자에 속한다. 물론 이 두 가지를 가지고 사람에게 발휘되는 은사를 가르마 가르듯 정연하게 구분하긴 힘들다. 예를 들어 크리소스토무스나 스펄전의 설교에는 뛰어난 언변이라는 자연적 자질과, 영적 은혜를 전달하는 초자연적인 능력이 섞여 있어 인위적으로 구분하기 어렵다.

초자연적인 은사와 이적은 특별한 순간에 특별한 목적을 위해 부어졌다. 특히 부활하신 그리스도의 첫 증인들인 사도들에게 이적과 기사는 보증이었다(고후 12:12). 특이한 은사는 하나님의 살아 계심을 확신하고 새로운 헌신을 결단하며 역경을 이길 힘을 주는 초월성의 표식이었다. 확신하건대 오늘날에도 복음을 선포하고 하나님 나라를 확장하는 현장에서 성령은 누군가에게 신령한 은사를 내리시고 초월성의 표식을 주실 것이다. 하지만 동시에 그 특수한 목적과 사명만큼이나 특별한 대가가 요구된다. 바울이 감당해야 했던 육체의 가시(고후 12:7)는, 특별한 사역에 부르시는 이들에게 놀라운 은사와 함께 겸손의 훈련도 같이 주신다는 사실을 말해 준다.

성경을 보면 볼수록 하나님이 질그릇에 보배를 담는 방식(고후 4:7)을 즐겨 사용하심을 알 수 있다. 하나님의 일하심은 본질상 초월적이지만 의외로 인간적이고 일상적인 방식을 취한다. 아마도 우리의 연약함이 하나님의 영광을 감당하기 힘들어서일 테다. 우리는 휘황찬란한 빛 가운데 천지를 흔드는 하나님의 음성보다, 익숙한 풍경과 사물 사이에서 듣는 사람의 음성을 편안하게 느낀다. 완전한 진리를 직접 듣는 것보다, 삶 속에서 실수와 오류 가운데 조금씩 진리를 배울 때 훨씬 잘 터득한다. 심지어 완전한 평화와 풍요가 갖춰진 환경보다 불완전하고 고통스러운 삶 속에서 맛과 향이 무르익는다. 강렬한 태양빛보다, 쪽빛 하늘과 옥빛 물결, 황금빛 벌판과 우윳빛 아기 낯, 붉은 석양으로 반사된 빛에 설레는 존재가 바로 우리다. 우리가 그 모양이니 하나님인들 어쩌시겠는가. 지금 이곳에서 소소한 일상과 평범한 삶 가운데 우릴 만나실 수밖에. 졸음을 채 떨치지 못한 채 드리는 아침 묵상, 어눌하게 읊조리는 저녁 기도, 소박한 공동체 식사와 잡담, 조율되지 않은 피아노 반주에 맞춰 부르는 찬송, 땀과 눈물, 쭈뼛거리며 든 손으로 올리는 고백과 찬미… 땅 내음으로 가득한 질그릇 같은 우리네 삶이 실은 놀라운 은사이자 기적이 아닐까.

## 25. 성령 훼방죄는 그리스도의 구속으로도 용서받지 못할 죄일까?

성경은 "예수의 피가 우리를 모든 죄에서 깨끗하게 하셨다"(요일 1:7)라고 선언하며 그리스도 안에서 얻은 죄 사함의 은혜가 얼마나 풍성한지를 선언한다(엡 1:7). 과연 그리스도의 은혜와 회개로도 씻을 수 없는 '용서받지 못할 죄'가 있을까?

역사적으로 교회가 용서받지 못할 죄로 여긴 성령 훼방죄 혹은 신성 모독죄는 복음서의 한 이야기에서 비롯되었다.

> 그러므로 내가 너희에게 이르노니 사람에 대한 모든 죄와 모독은 사하심을 얻되 성령을 모독하는 것은 사하심을 얻지 못하겠고 또 누구든지 말로 인자를 거역하면 사하심을 얻되 누구든지 말로 성령을 거역하면 이 세상과 오는 세상에서도 사하심을 얻지 못하리라(마 12:31-32).

바리새인들은 예수가 행하는 메시아적 이적을 보고 바알세불의 능력으로 그런 일을 한다고 호도했다. 바리새인들에게는 예수의 이적이 구약 성경에 예언된 메시아의 표식임을 알 수 있는 식견이 있었다. 그런데도 정치적 야망과 시기심 때문에 예수의 사역을 모욕하며 완고하게 거부했다. 그런 바리새인들에게 예수의 추상같은 경고가 내려졌다. 예수의 인격과 사역을 모독하는 것은 곧 성령의 인격과 사역을 모독하는 것이다. 예수는 자신(인자)을 거역하고 모독한 죄는 용서받을 수 있지만 성령을 거역하고 모독한 죄는 "이 세상과 오는 세상에서도 사하심을 얻지 못하리라"라고 말씀하신다.
이유가 뭘까?

성육신하신 그리스도의 정체는 십자가와 부활에 이르기
전까지 숨겨져 있다. 그리스도가 지니신 신성의 비밀은
부활과 오순절 성령의 강림을 거쳐 비로소 드러날 것이다.
그렇기에 부활이 일어나기 전 예수를 둘러싼 무지와 오해는
'정상 참작'이 가능하다. 하지만 예수의 메시아적 사역을 통해
역사하시는 성령의 능력은 촌부의 눈에도 분명하기에, 그것을
마귀의 일이라고 비방하는 것은 지독히 완고한 마음으로
하나님을 대적하는 것이다. 성령은 우리를 그리스도께
연합시키시고, 그의 형상을 따라 자라게 하고, 그의 영광에
이르게 하는 하나님이시다. 그런 성령을 대적하고 훼방하는
자에게 또 다른 기회가 있을 리 없다. 성령이 '또 다른'
보혜사이자 마지막 보혜사이기 때문이다. 넓은 의미에서
모든 죄는 성령을 거스르고 근심케 하고 소멸하는 죄라고 할
수 있다. 하지만 마태복음의 본문에서 성령 훼방죄는 특별히
'말로 짓는 죄'이다. 구속의 역사가 진리와 거짓의 싸움이요,
신앙고백과 신학이 결국은 언어의 문제이며, 인간은 듣고
말하는 선지자이자 해석하는 존재임을 상기해 보자. 비방,
모독, 비하, 저주, 악담, 명예 훼손 등 혀와 입술로 짓는 죄는
근원적이고 그만큼 치명적이다.

교회와 신학은 '용서받지 못할 죄' 즉 성령 모독죄가 무엇인지를 놓고 다양한 해석을 내놓았다. 각각의 답변은 그 시대를 들끓게 만든 치열한 논쟁과 밀접하게 연관되어 있다. 로마 제국의 박해가 있던 시절에 교부 노바티아누스는 회심하고 세례를 받은 그리스도인이 박해가 두려워 배교하면 그것이 바로 성령 훼방죄라고 주장했다. 반면 밀라노의 주교 암브로시우스는 분열주의자였던 노바티우스파를 겨냥해서 사단의 영에 사로잡혀 교회를 분리시키는 자들이야말로 그리스도 안에 있는 은혜로 돌아올 수 없다고 일갈했다. 은혜와 자유의지를 놓고 펠라기우스와 논쟁을 벌였던 아우구스티누스는 죄 사함의 은혜를 믿지 않는 완고한 불신앙이 바로 용서받지 못할 죄라고 단정했다. 한편 삼위일체 논쟁이 격렬하게 일어난 동방 교회에서 '신성 모독죄'는 삼위일체 이단들에게 적용되었다. 니케아의 영웅 아타나시우스도 그리스도의 신성을 부인하는 죄가 곧 성령 훼방죄라고 했다. 바실리우스는 그리스도의 성자 되심을 증거하는 성령이 하나님과 '동일 본질'임을 인정하지 않는 자가 성령 훼방죄를 범하는 것이라고 저주하였다. 중세 로마 교회는 아우구스티누스의 유산을 받들어 성령 훼방죄를 정의했는데, 아퀴나스는 죽는 날까지 완고함을 버리지 않는 죄, 다시 말해서 회개의 가능성을 저버리고 고의적으로 악행을 일삼는 죄가 '용서받지 못할 죄'라고 규정했다. 종교 개혁자 칼뱅은 성령의 능력으로 도저히 부정할 수 없는 신적 진리를 계시받았음에도 고의로 그 진리를 대적하는 죄가 성령 훼방죄라고 하면서, 이런 악의적인 죄는 영원한 예정 가운데 선택받은 신자라면 결코 저지를 수 없는 죄라고 가르쳤다. 교회 역사에서 '성령 훼방죄'는 기독교 신앙에서 가장 중요하다고 여겨지던 교리를 어지럽히는 자들에게 '결코 용서받지 못할 죄'라는 강력한 경고와 저주의 의미로 사용된 셈이다.

이제 마태복음 12장에 나온 성령 훼방죄로 시선을 좁혀 보자. 용서받지 못할 성령 훼방죄가 오늘날에도 범해질 수 있는가?

엄격한 의미에서 성령 훼방죄는 그리스도의 인격과 사역이 비밀에 싸여 있을 때, 즉 예수의 공생애 기간 중 십자가 죽음과 부활이 일어나기 전에 저지를 수 있는 죄이다. 그리스도의 구속 사역이 완성된 이후에 '용서받지 못할 죄'라는 개념은 복음의 깊이와 부요함에 걸맞지 않는다. 하지만 성령 훼방죄의 본질을 따져 의미를 확대해 본다면 성령 훼방죄는 여전히 범해질 수 있다. 공생애 기간에 예수는 당시의 관념상 도저히 용납할 수 없는 죄인이었던 세리와 창녀들을 받아들이고 그들에게 죄 용서를 선포하셨지만, 바리새인과 서기관들의 위선과 불신앙은 엄하게 꾸짖으셨다. 그만큼 공적 영역에서 진리를 가르치는 사명을 부여받은 자들의 책임이 크기 때문이다. 당시 바리새인과 서기관이 저지를 수 있는 성령 훼방죄의 본질은 성령이 증거하시는 복음을 의도적으로 왜곡하여 하나님의 구원 역사를 훼방하는 것이었다. 그리스도의 부활 이후에 교회에 나타났던 거짓 교사들도 성령을 훼방하여 신성을 모독하는 자들이었다. 그들은 복음의 진리를 가르칠 자격이 있는 것처럼 보였지만, 실상 그리스도의 터 위에 가르침을 세우는 자들이 아니라 그 터를 허물어뜨리는 자들이었다(고전 3:11-15). 따라서 확대된 의미의 성령 훼방죄는 목회자, 신학자, 교사들이 그리스도의 인격과 사역에 대한 성령의 증거를 공적으로 부인하거나 왜곡하는 죄라고 볼 수 있다.

죄는 아무리 사소할지라도 하나님과 우리 사이를 갈라놓고 우리로 하나님의 원수가 되게 만든다. 그렇기에 죄의 문제는 크든지 작든지 그리스도의 죽음으로 인한 죄 사함을 통해서만 해소될 수 있다. 구원을 받게 할 다른 이름을 우리에게 주신 일이 없다는 사실과, 모든 죄를 사하는 복음의 능력을 떠올릴 때 '내세에도 용서받지 못할 성령 훼방죄'는 그리스도의 은혜 안에 있는 참된 그리스도인에게 문제가 되지 않는다. 성령 훼방죄의 무서운 정죄는 은혜 바깥에서 복음의 능력을 훼방하는 거짓 그리스도인, 거짓 교사를 겨냥한다.

## 26. 거듭난 그리스도인이 짓는 죄는 어떤 영향을 미칠까?

중생한 그리스도인은 의롭다 여김을 받고 하나님의 자녀
된 권세를 얻는다. 그뿐만 아니라 그들 안에는 새로운
마음과 새 영을 창조하신 성령께서 내주하신다. 새사람이 된
그리스도인에게는 거룩한 생각과 습관이 자라나서 그리스도의
형상으로 변화하게 된다. 그럼에도 중생한 그리스도인은
여전히 죄를 저지른다. 과거와 현재와 미래의 모든 죄를
용서받은 그리스도인이 저지르는 죄는 자신의 구원과 세상에
어떤 영향을 미치는가?

완전한 의인으로 선언된 그리스도인이 여전히 죄를 짓는
현실을 보고 루터는 "의인인 동시에 죄인"이라고 불렀다.
루터가 말한 그리스도인의 역설적 상황은 1944년 겨울
벨기에의 아르덴 숲에서 독일군의 강력한 저항에 부딪혀
심각한 손실을 입고 퇴각하는 미군 병사의 처지와 비슷하다.
노르망디 상륙 작전이 있던 'D-Day' 이후에 병사들은 '이미
이긴 거나 다름없는 전쟁'인데도 고단하고 처절한 전투를
치러야 했다. 독일의 항복을 받고 종전이 선언되는 유럽전승일
'V-Day'까지 병사들의 하루하루는 생사의 갈림길을 오가는
극한의 상황이었다. 그리스도인의 상황이 딱 그렇다.
그리스도의 십자가와 부활의 사건(D-Day)으로 세상 권세는
패퇴했고, 구속의 완전한 조건이 마련되었다. 그리스도인은
믿음으로 그리스도와 연합하여 하나님이 보시기에 완전한
의인이 되었다. 하지만 그리스도의 재림으로 몸의 부활과

악의 최종적인 종식이 있기까지(V-Day) 그리스도인은 매일의
일상에서 치열한 영적 전투를 치르며 희망의 진격과 절망의
퇴각을 반복한다. 전쟁에서 이겼으나 전투에서 패배하는
역설적인 상황, 루터는 그것을 말하고 싶었던 것이리라.

전투가 계속되어야 하는 이유는 최종적으로 항복하지 않은
적들과 계속 갈등하기 때문이다. 그리스도인이 아직 죄와
싸워야 하고 때로 패배하는 이유는, 악한 영들이 배후에서
활동하는 악한 세상(코스모스)과 악한 시대(아에온)가 종식되지
않았기 때문이고, 부패한 죄성(사르크스)이 여전히 우리
안에 남아 있기 때문이다. 우리에게 주어진 의는 완전하고
하나님의 자녀라는 법적 신분도 확고하지만, 우리의 성품은
아직 미숙하고 불완전하다. 우리가 행하는 행위가 아무리
선할지라도 거기에는 오류와 불순한 동기가 뒤섞여 있다.
그렇기에 성경은 이미 의롭다고 칭함을 받는 그리스도인에게
사단을 대적하고 선한 양심을 위해 죽도록 싸우라고 한다. 우리
안에 남은 부패한 죄성을 십자가에 못 박으라고 명한다(벧전
5:8-9; 갈 5:24). 모든 악의 세력이 쓰러지고 완전히 새로운 세상이
열려 부활의 몸을 입기 전까지, 죄와 싸우는 일은 끝나지 않을
것이다. 이 과정에서 실수와 넘어짐은 피할 수 없다.

'의인이자 동시에 죄인'이란 말은 '이미 의인인데 아직 완전히
의인답지 못하다' 내지는 '이미 아들인데 아직 아들답지
못하다'라는 뜻으로 읽힐 수 있다. 하나님은 그리스도의
공로로 우리를 자녀로 용납하시고 우리의 마음과 행위를
받으신다. 하지만 거듭난 그리스도인일지라도 아직 죄악된
세상에 머무르며 악한 세대의 문화에 영향을 받는다. 부패한
죄성으로부터 완전히 해방되지 않기 때문에, 엄밀한
의미에서 그의 성품과 행위 자체는 거룩하신 하나님께 합당치
못하다(롬 8:8). 그럼에도 하나님은 그리스도인의 행위를
용납하시고 기뻐하시며 심지어 선하다고 칭찬하신다. 거룩하신
성령이 우리 안에 내주하시며 성품의 열매, 삶의 열매를 맺도록

일하시기 때문이다. 그런데 성령은 우리의 인간성을 배제하지 않고 연약함, 오류, 실수와 함께 일하시기 때문에, 성령의 역사가 빚은 그리스도인의 행위도 (법적인 의미가 아니라) 실제적인 의미에서 하나님의 '완전한 의'에 이르지 못한다. 그리스도인을 향한 하나님의 인정과 기쁨과 칭찬은 '아버지의 눈먼 사랑' 탓이다. 하나님은 영원한 아들을 향한 사랑과 동일하게 양자로 입양된 우리를 사랑하신다. 우리의 행위가 불완전할지라도 하나님이 용납하시고 기뻐하시고 상 주기를 원하시는 것은 그의 영원한 아들 안에서 우릴 자녀로 품으시기 때문이다(히 13:21).

## 26

출애굽한 이스라엘 백성은 더는 바로의 지배를 받는 노예가 아니었지만, 여전히 애굽에서 길들여진 노예근성과 우상 숭배의 악습이 남아 있었다. 중생한 그리스도인 역시 죄와 사망의 지배 아래 있지 않지만, 그리스도인의 내면에 스며든 죄의 독성은 완전히 사라지지 않았다. 그리스도인일지라도 죄를 저지르면 죄책감을 느끼고 그 대가를 맛보게 된다. 죄의 내재적 본성이 달라지지 않은 탓이다. 그리스도인이 죄를 지을 때 하나님은 아버지로서 언짢아하시고 성령은 근심하신다. 죄를 지은 자녀는 친밀함, 은혜와 기쁨을 일부분 상실한다. 그가 회개하지 않고 강퍅하게 군다면 양심이 점점 무뎌지고 형제와 이웃에게 상처를 줄 것이다. 죄의 독성은 몸과 영혼

말단까지 퍼진다. 슬픔, 낙심, 두려움이 영혼에 드리우고 스트레스와 질병으로 몸이 망가지며, 관계가 깨어지고 상황이 혼란해질 수도 있다. 하지만 이런 일은 파국으로 치닫는 세상사가 아니라 아버지의 사랑과 권위 아래 있는 가정사이다. 하나님은 자녀를 결코 영원한 진노 가운데 버려두지 않으신다. 자녀가 스스로 겸비하여 죄를 고백하고 용서를 구하면, 금세 노여움을 누그러뜨리고 다시 믿음과 사랑의 관계로 부르신다. 히브리서 12장은 징계와 훈육이 우리가 진짜 하나님의 아들임을 확증하는 표징이라고 말한다. 우리가 하나님의 거룩하심에 참여하여 의와 평강의 열매를 맺으려면, 아버지는 자녀인 우리를 징계하셔야 한다.

그러니 아들인 우리에게 죄는 사망에 이르는 치명적인 독이 아니라 백신이다. 모든 아이들이 성장통을 겪듯이, 우리는 앓아 보고 혼나 보면서 점점 자기의 삶을 죄와 불의에 넘겨주지 않고 하나님께 의의 무기로 드리는 법을 배운다(롬 6:12-13). 우리는 그렇게 아버지의 사랑을 배운다.

# 27. 구원받은 그리스도인에게
# 율법이 필요할까?

성경책에서 표지를 제외하고 가장 고급스러운 재질은 표지에
맞닿은 내지이다. 그 상석을 차지하는 것은 주기도문과
사도신경(앞 편), 그리고 십계명(뒤편)이다. 사도신경은 예배와
기도에서 가장 많이 쓰이는데, 십계명의 쓸모는 무엇일까?
율법을 자랑하는 유대인과 달리 그리스도인은 복음을 자랑하지
않는가? 우리는 "율법 외에 나타난 하나님의 의"(롬 3:21)를 통해
의롭게 되지 않았는가? 그리스도인에게 율법을 대표하는
십계명은 어떤 의미가 있는가?

십계명은 소박하고 원시적인 고대 법률처럼 보인다. 인류
최초의 성문서라는 우르-남무 법전이나 함무라비 법전에
견주어 볼 때, 기원과 법률적 정교함에서 더 나을 바 없어
보인다. 하지만 칼뱅이 확신한 것처럼, 하나님은 간단한 열
개의 조항을 통해서 자신의 백성들에게 '완전한 의의 규범'을
가르치셨다. 십계명과 거기서 비롯된 모든 율법은 말과 글이
표현하는 것 이상을 가리킨다. 그래서 십계명을 해설한 책들은
여느 조직신학 책만큼 두껍다. 제5계명을 예로 들어 보자. "네
부모를 공경하라"는 부모를 비롯하여 하나님이 사람들 가운데
세우신 모든 권위 있는 자들에게 합당한 존경과 순종을
보이라는 명령이다. 부모답지 못한 부모나 악한 상관일지라도
그리할 것인가? 하나님이 정하신 권위의 질서와 그 가운데
섭리하시는 하나님에 대한 믿음이 없다면, 이 계명은 지키기
힘든 명령이다. 십계명은 하나님의 거룩한 성품을 반영하고

있기에 그 본뜻을 깨달아 지키려면 먼저 그 계명을 말씀하시는 하나님을 알아야 한다.

십계명의 내용뿐만 아니라 구조 역시 참된 의를 보여 준다. 마치 수직축을 세운 후에 수평축을 얹는 십자가의 구조처럼, 십계명은 하나님께 대한 의무(제1-4계명)의 토대 위에 사람에 대한 의무(제5-10계명)를 말한다. 영혼 없는 몸이 시체에 불과하듯, 하나님을 향한 경외(religio)가 없이 세상에서 경건(pietas)의 삶을 살기란 불가능하다. 하나님 백성의 의는 먼저 하나님의 거룩하심과 위엄을 예배하는 터 위에 쌓아져야 한다.

율법은 "생명에 이르게 할"(롬 7:10) 계명이며 그 자체로 거룩하고 의롭고 선하다. 그런데 왜 성경에서, 특히 바울의 서신에서는 율법이 복음, 은혜, 성령과 대립하고 상충하는 것처럼 말할까? 율법은 하나님의 완전한 의를 제시하므로 타락한 인간이 그 본질대로 지키기는 불가능하다. 하나님이 그걸 모르실 리 없다. 율법 준수에 따른 축복과 저주의 약속도, 그것을 지킬 수 있다고 전제한다기보다 선을 사랑하고 악을 미워하도록 교육하고자 함이다. 우리도 아이들을 훈육할 때 이런 방식을 자주 사용한다. 그렇다면 왜 하나님은 지킬 수 없는 율법을 주셨을까? 처음 건강 검진을 받는 사람들은 결과를 보고 충격을 받는다. "이 정도면 건강한 편이겠지"라고 막연히 생각했다가도, 정상 수치와 조목조목 비교되는 친절한 결과지 앞에 처참하게 무너지곤 한다. 이스라엘 백성에게 율법이 그랬다. 하나님이 율법을 주시기 전까지 사람들은 자신이 하나님의 의로부터 얼마나 멀리 있는지 알 수 없었다. 하나님의 의가 공개되었을 때, 모든 사람의 불의가 적나라하게 드러나고 정죄가 불가피해진다. 사람들은 자신에게 불의가 없었던 것이 아니라 다만 적발과 처벌이 유예되었을 뿐임을 알게 된다. 저주를 피할 수 없다는 사실을 받아들이고 나서야, 사람들은 은혜를 구한다. 하나님이 '지킬 수 없는 율법'을 주신 것은,

스스로 하나님의 의에 이르려는 헛된 시도를 좌절시키고
하나님에게서 오는 구원을 고대하도록 만들기 위함이었다.

## 27

하나님은 처음부터 은혜를 주시기 위해 율법을 주셨다. 율법은
중보자 없이 구원을 이루라는 '실행 신호'가 아니다. 반대로
율법은 중보자이신 그리스도가 "모든 믿는 자에게 의를
이루기 위하여 율법의 마침이 되시는"(롬 10:4) 때를 갈망하라는
'대기 신호'이다. 율법은 복음과 함께 하나님의 의를 이루는
짝이며, 은혜의 전조이자 은혜를 은혜 되게 하는 후광이다.
그러니 경계할 대상은 율법 자체가 아니라 율법주의이다.
율법주의는 하나님이 마련해 주신 은혜의 길 대신 인간의
길로 하나님의 의에 이르고자 한다. 이를 위해 율법주의는
하나님의 성품에 따라 율법을 해석하는 대신 인간의 기준에
맞춰 '만만한 수준'으로 율법의 의를 축소하고 왜곡한다.
애당초 인간이 율법을 지켜서 하나님의 의에 이를 수 있는
길이 없었음에도, 율법주의는 거짓과 위선으로 불가능한 길을
가능하다고 우긴다. 그리스도는 "법조문으로 된 계명의 율법을
폐하셨다"(엡 2:15). 율법주의를 폐하시고 하나님의 구원과 의에
이르는 새롭고 살아 있는 길을 여셨다. 원래 율법을 주신
하나님의 의도대로 말이다.

아이들은 엄마가 "너는 공부를 잘할 거야"라고 말하면

잔소리로 듣는다(선지자의 예언처럼 들으면 얼마나 좋겠는가). 엄마의 말이 아이의 현실에서 한참 동떨어져 격려보다 짜증과 낙심만 일으켜서일 테다. 칼뱅이 율법의 용법을 '추한 자의 거울, 범죄자의 채찍, 나그네의 등불'로 빗대어 말할 때, 앞의 두 가지가 엄마의 잔소리와 비슷하다. 구속받지 못한 죄인에게 율법은, 자신의 추함을 들추는 거울이나 마지못해 죄를 억누르는 채찍과 다를 바 없다. 죄인의 눈에 "죄와 사망의 법"인 율법이 즐겁고 아름다울 리 없다. "율법이 육신으로 말미암아 연약하여 할 수 없는 그것을 하나님이 하셨을 때"(롬 8:3), 즉 중보자 그리스도를 보내시고 아들의 영을 보내셔서 우리로 생명과 성령의 법 아래 있게 하셨을 때, 율법은 비로소 "자유롭게 하는 온전한 율법"(약 1:25)이라는 세 번째 얼굴을 드러낸다. 율법은 순금보다 더 값지고 송이 꿀보다 더 달콤한 '살아 계신 하나님의 음성'이 된다. 그리스도인들은 율법으로 인해 날마다 주님의 더 깊고 높은 뜻을 배우고, 성령의 도우심으로 그것을 실제로 살아 낼 수 있게 된다. 구원의 여정을 가는 나그네에게 율법은 피곤한 마음을 위로하는 모닥불이 되고, 길을 안내해 주는 별빛이 된다.

십계명을 다시 묵상해 보라. 거기에 믿음의 주께서 완주하신 의의 길이 있다. 우리가 그분을 따라 걷는 순종과 기쁨이 있다. 그러니 가장 질 좋은 종이 위에 적혀 마땅하지 않은가.

# 교회론

# 28. 동방 정교회에는
# 왜 이콘이 있을까?

기독교의 3대 전통 중 하나인 동방 정교회에는 성상(이콘)
숭배라는 독특한 의식이 있다. 이콘은 자작나무나
사이프러스로 만든 판에 아마포를 감싸고 일곱 겹의 석고
반죽을 입힌 다음 거기에 그리스도와 성경의 이야기를 그린
종교화이다. 이콘은 동방 정교회의 예전에서 필수이다. 이콘을
걸어 둔 성상 칸막이(이코노스타시스)는 로마 가톨릭교회의
성당이나 개신교의 예배당에서 찾아볼 수 없는 정교회
성당만의 차별화된 구조이다. 이코노스타시스는 정교회
신자의 집에도 있다. 정교회 신자의 집을 방문하는 사람은
누구나 집 한 켠에 마련된 작은 이코노스타시스 앞에 가서
성호를 긋고 공경을 표해야 한다. 동방 정교회의 이콘
신앙에는 어떤 사연이 있을까?

단순화한 그림이나 상징을 예배나 기도에 사용하는 관습은
가장 초기의 교회 역사까지 거슬러 올라간다. 당시에 교회는
글보다 그림을 소통의 수단으로 자주 활용했다. 글을 깨우친
사람들이 많지 않았고 책이 널리 보급되지 않았기 때문에,
문자적 수단이 아니라 상징적 매체로 기독교 신앙을 알릴
필요가 있었다. 3세기의 지하 묘지(카타콤) 벽에 조악하게 그려진
배(교회), 야자수(낙원), 비둘기(성령) 등의 그림은 흔한 이미지를
활용하여 신앙의 상징을 만든 전형적인 사례이다.

콘스탄티누스 황제에 의해 기독교가 제국의 유일한 종교로

채택된 이후, 신앙을 표현하는 제국 고유의 양식과 예술이
발전하기 시작한다. 특히 비잔틴 제국의 동방 정교회는
웅장하게 건축한 예배당을 화려한 모자이크와 이콘으로
치장했고, 카파도키아 지역의 동굴 교회와 수도원들은 건조한
벽에 프레스코화로 이콘을 그려 넣었다. 8세기경 비잔틴
제국에는 도시, 교회, 수도원에 이콘이 넘쳐났다. 이콘을
연구하고 보급하는 도상학(iconography)이 동로마 제국의 중요
산업으로 성장하였다. 비잔틴 제국의 황제들에게 이콘은
종교와 문화를 넘어 정치와 외교를 뒤흔드는 이슈였다.
일부 동방 황제들은 우상 숭배라는 이유로 이콘을 예배에서
사용하지 말라는 금지령을 내렸다. 이슬람 제국에게 침략의
명분을 주지 않으려는 현실적인 이유도 있었다. 또한 황제는
비대해진 성직자와 교회의 세력을 견제하고자 이콘 파괴령을
내리기도 했다. 이처럼 이콘은 동방 세계에서 뜨거운 감자였다.
하지만 수차례 일어난 성상 파괴 운동(iconoclasm)에도 불구하고
동방 정교회 신자들은 이콘을 포기하지 않았다.

대체 이콘이 뭐길래 동방 정교회 신자들이 그토록 목을 맬까?
동방 정교 최후의 위대한 교부이자 이콘 숭배를 신학적으로
정당화한 다마스쿠스의 요한은 그 이유를 이렇게 설명한다.

> 이콘은 보이지 않는 하나님을 형상화한 것이 아니라 이 땅에
> 육체를 가지고 성육신하신 하나님을 형상화한 것이다. 이콘이라는

물질적인 대상은 하나님의 성육신을 반영하는 것이므로 이콘을 예배와 기도에 사용하는 신자는 이콘 자체를 숭배하는 것이 아니라 이콘이 가리키는 분을 숭배한다. 엄격한 의미의 예배(라트레이아)는 오직 하나님께 드려져야 하지만, 존경(프로스퀴네시스)이나 봉사(둘레이아)는 이콘에게 돌려질 수 있다.

유구한 정교회의 전통은 이콘의 이미지를 신학의 언어와 동일하게 취급했다. 이콘의 '이미지'와 신학의 '언어'는 둘 다 인간의 방법으로 다 표현할 수 없는 하나님의 신비와 구원의 신비를 표현하려고 한다는 점에서 언제나 불완전하다. 따라서 이콘의 목적은 인간에게 아름다움을 느끼게 하는 심미적 기능에 있지 않고, 성령의 도우심으로 직관할 수 없는 하나님을 관상(contemplation)하게 하는 영적인 기능에 있다. 이콘의 이미지와 신학의 언어는 같은 목적을 위한 것이다.

이콘의 이미지에는 동방 정교 신학의 정수가 오롯이 담겨 있다. 첫째, 이콘의 목적이 심미적이거나 감성적이지 않다고 했듯이, 이콘에 그려진 인물은 인간의 감정을 거의 내비치지 않고 순수한 미덕만을 머금는다. 십자가에 달린 그리스도의 얼굴에도 육체적 고통의 낌새가 전혀 풍기지 않는다. 둘째, 이콘의 인물들은 하나같이 입술을 굳게 다문 채 침묵하고 있다. 완벽히 음소거된 이콘의 침묵은 그것이 기도와 관상을 위한 것임을 말해 준다. 이콘을 통해 동방 정교 신자들은 십자가에 달리신 그리스도의 침묵, 동정녀 마리아의 침묵, 변화산의 침묵, 부활의 침묵을 마주한다. 셋째, 동방 정교회의 이콘은 삼차원 도상을 인정하는 로마 가톨릭교회와 달리, 입체감을 위한 원근법을 사용하지 않고 철저히 평면으로 그려진다. 도상학적 시점의 부재는 그것이 표현하는 세계가 우리가 사는 이 세상이 아니라 절대적인 천상의 세계임을 말해 준다. 넷째, 이콘에서 그리스도를 비롯한 성인들의 머리 주위로 둘러쳐진 아우라는 '창조되지 않은 신적 빛'인 하나님의 영광을 가리킨다. 신성을 지닌 그리스도의 아우라와 달리, 성인들을 둘러싼 아우라는 하나님의 신적 본질을 입은 것이 아니라 신적 에너지에 참여하는 것을 표현한다. 아우라의 흰색은 영원한 생명과 순수함을 의미한다. (참고로 도상학에서 파랑은 천상을, 빨강은 생명의 역동성을, 자주색은 부와 권세를 상징한다.) 다섯째, 이콘에 그려진 그리스도와 성인들은 신자들이 이르게 될 궁극적인 지점인 '신성화'(theosis, deification)를 보여 준다. 동방 신학의 '신성화'는 그리스도인이 새로운 인간의 첫 열매인 그리스도를 따라 하나님의 형상으로 변화하여 신적 성품과 영원한 삶에 참여하는 것(벧후 1:4)을 의미한다. 개신교 신학은 이것을 영화라고 부른다.

성상을 게르만족 전도에 사용했던 서방 교회는 동로마 제국에서 일어난 성상 파괴 운동을 마뜩잖게 여겼다. 동방 교회와 서방 교회의 결별 사유 중 하나가 바로 성상 파괴 운동이다. 중세 로마 교회는 신적 계시를 담은 진리를 스테인드글라스, 성유물, 성상 조각과 동판화로 표현하는 데 열심을 냈다. 종교 개혁 운동은 하나님의 불가해한 본질을 조각과 이미지로 형상화한 로마 교회의 관행을 혐오하고 비판했기 때문에 자연스럽게 서방 교회판 성상 파괴 운동으로 이어졌다. 오직 하나님의 말씀만 추구했던 종교 개혁자들은 예배의 시공간을 화려한 이미지와 음향으로 연출하는 로마 가톨릭교회의 겉치레와 탐욕을 지적했다. 이런 역사 탓에 개신교회에서 성상을 찾아보긴 힘들지만, 그렇다고 신앙의 상징물이 전무한 것은 아니다. 성경 구절을 적은 걸개 그림도 결국은 이미지와 상징이기 때문이다.

마치 빛을 바라보며 빛과 동화되듯, 이콘을 봄으로써 하나님과 연합한다고 믿는 동방 교회의 이콘 신앙은 심오하고 신비하다. 보는 것보다 듣는 것을 강조하는 개신교 신앙의 눈에 그 신비로움은 난해함과 낯섦일 수 있다. 아는 맛이 제일 무섭다는 말처럼, 아무리 심오해도 낯선 것에는 마음이 쉬 열리지 않는 법이다.

# 29. 참된 교회와 거짓 교회를 구분하는 표지는?

'교회의 표지'란 어떤 교회가 참된 교회인지를 나타내는 기호이다. 마치 소비자들이 명품 브랜드 로고나 인증 마크를 보고 진품과 가품을 식별하는 것처럼, 교회는 정통 교단의 상징 마크나 '○○○ 교인 출입금지'와 같은 푯말을 내걸어 자신을 이단과 차별화시킨다. '참된 교회냐 거짓 교회냐'라는 물음은 루터가 쏘아 올린 의제이다. 루터는 이신칭의의 복음을 거부하는 로마 교회가 거짓 교회라고 비판했다. 이 문제는 루터 이후 로마 교회와 개신교회, 그리고 개신교회 내에서 우후죽순처럼 등장한 다양한 종파와 교단 공동체 사이에서 본격적으로 점화되었다. 참된 교회의 표지를 둘러싼 역사를 들여다보자.

참된 교회의 표지를 말하려면 먼저 참된 교회의 본질을 알아야 한다. 명품 로고를 붙인 짝퉁은 여전히 짝퉁일 뿐이다. 표지는 보이지 않는 본질을 가시화하려는 시도이기에 표지는 그것이 가리키는 본질과 상응할 때 유효하다. 교회의 속성에 관한 고전적인 정의는 니케아-콘스탄티노플 신조에서 찾아볼 수 있다.

> 우리는 또한 하나의 거룩하고 보편적이며 사도적인 교회(unam, sanctam, cathólicam et apostólicam Ecclésiam)를 믿습니다.

여기에서 정의된 교회의 네 가지 속성(통일성, 거룩성, 보편성,

사도성)을 놓고 로마 가톨릭교회와 개신교회는 서로 다른 이해를 내놓는다. 로마 가톨릭교회는 네 가지 속성이 가시적인 로마 교회에 대한 정확한 묘사라고 주장한다. 로마 가톨릭교회는 교황을 중심으로 한 성직 체제를 지닌 단일화된 교회이고, 거룩한 교의와 거룩한 예전과 거룩한 성인을 보유한 거룩한 교회이며, 전 세계에 교구를 가진 보편적인 교회이고, 유일하게 사도직을 합법적으로 계승받아 사도적 전통을 유지한다는 점에서 사도적인 교회라는 것이다. 반면 개신교회는 네 가지 속성이 이 땅의 유형 교회가 아니라 종말에 완성될 무형 교회 즉 천상의 교회에 속한다고 주장한다. 따라서 교회의 통일성은 예수 그리스도의 머리 되심에 근거하며 그리스도를 믿는 공통된 신앙고백과 예배와 삶의 통일성을 가리키는 것이지, 조직과 제도의 통일성을 의미하지 않는다. 교회의 거룩성은 '세상 속에 머물지만, 세상으로부터 구별되는' 믿음 공동체가 구체적인 삶에서 완전한 거룩을 향해 나아간다는 의미이다. 교회의 보편성은 모든 세대와 민족을 아우르는 영적인 교회를 가리키고, 교회의 사도성은 사도의 가르침을 따라 참된 복음을 믿고 따르는 것을 의미한다. 따지고 보면, 로마 가톨릭의 신학에서 교회의 속성과 표지는 나뉘지 않고 일치한다는 것을 알 수 있다. 로마 가톨릭교회라는 간판(표지)이 곧 참된 교회의 본질을 담보하기 때문에, 그들에게 주된 질문은 '참된 교회인가 거짓 교회인가'가 아니라 '로마 가톨릭교회인가 아닌가'이다. 반면 로마 가톨릭교회의 허위를 폭로하고 비판하며 출발한 개신교에서 교회의 간판 자체는 참된 교회됨의 본질을 곧바로 지시하지 않는다. 교회란 이름을 내건 모든 공동체는 참된 교회인지 거짓 교회인지 판단받을 필요가 있다. 이런 교회론적 차이로 인해 '참된 교회가 무엇인가'는 개신교회 특유의 질문이 되었다.

루터의 종교 개혁이 주장한 바가 반영된 아우구스부르크 신앙고백(1530)은 참된 교회를 이렇게 정의한다.

하나의 거룩한 교회는 … 성도의 모임이며, 그들 가운데서
복음이 순수하게 가르쳐지고 성례가 올바르게 시행되는
곳이다.

## 29

칼뱅을 중심으로 한 개혁파 신학이 반영된 벨직
신앙고백서(1561)는 제29항에서 '말씀 설교'와 '성례의 집행'을
참된 교회의 표지로 삼고, 여기에 죄를 견책하고 벌하는
'권징의 시행'을 추가했다. 참된 교회의 표지에 대한 개혁파
신학의 견해는 한 가지(말씀의 순수한 전파), 두 가지(말씀의 순수한
전파와 성례의 바른 시행), 혹은 세 가지(말씀의 순수한 전파, 성례의 바른
시행, 그리고 권징의 신실한 집행)로 나뉘지만, 그 핵심은 동일하다.
즉 교회는 하나님의 말씀으로 세워졌고 교회의 머리인
그리스도는 자신의 말씀으로 통치하신다. 말씀의 공동체인
교회는 들리는 말씀(설교)이 선포되고, 보이는 말씀(성례)이
집행되며, 행하는 말씀(권징)이 시행되어야 한다.

'참된 교회의 표지'는 유형 교회의 교리와 제도가 지닌
형식주의에 대한 반발이지만, 말씀 설교와 성례 집행도
형식화되지 말란 보장이 없다. 그런 탓에 카를 바르트는
참된 교회의 여부가 '하나님이 그 공동체 안에서 역동적으로
활동하시는가'에 따라 결정되어야 한다고 주장했다. 바르트에
따르면, 참된 교회는 하나님의 능력이 성도들을 예배로 모으고

공동체로 세우고 선교와 봉사를 위해 내보내는 '살아 있는' 공동체이다. 살아 움직이는 교회는 오직 현재 진행형으로만 말할 수 있는 실체이다. 이런 의미에서 바르트는 교회를 기관이나 제도 혹은 성도의 모임이라기보다 '사건'이라고 불렀다. 교회 됨의 본질은 살아 계신 하나님과 인간이 만나는 사건이자 그리스도가 임재하시는 현전(presence)의 사건이라는 것이다. 참된 교회는 성도들의 모임이라는 정적인 속성(being)이 아니라 거룩한 무리들이 거룩한 만남과 거룩한 삶에 참여하는 역사적이고 종말론적인 사건(becoming)이다. 교회가 사건이라는 바르트의 외침은 형식과 본질, 외양과 내면, 표층과 심층 사이의 긴장을 인식하고 위선을 경계하라는 종교 개혁자들의 외침을 떠올린다.

보이지 않는 본질은 쉽사리 파악되지 않는다. 교회에서 복음이 순수하게 전파되고 성례가 온전히 시행되는지 어떻게 판가름할 수 있을까? 어떤 교회에서 참된 교회의 표지가 불완전하게 간헐적으로만 드러난다면 그 공동체는 참된 교회인가 거짓 교회인가? 만약 거짓 교회라는 판단이 선다면 그 공동체를 떠나도 되는가? 과연 어떤 교회가 교리와 삶, 설교와 성례와 권징에서 하나님의 거룩함에 완전히 부합한다고 자신할 수 있을까? 교회의 궁극적인 영광은 종말에 완성되는 미래적 영광일 수밖에 없다. 그렇기에 참된 교회의 표지는 다소 관용적인 의미로 사용될 필요가 있다. 성경의 복음과 기독교의 핵심 교리를 가르치고 고백한다면 다른 사소한 문제들에 대해서 관용할 수 있는 범위에서 다양한 교회들은 공존하고 연대한다고 말이다. 어쩌면 자신들만이 참된 교회이고 다른 교회들은 죄다 틀렸고 실패했다고 비판하는 이들, 타자를 배격하고 진리와 구원을 독점하려는 이들이야말로 짝퉁이 아닐까.

## 30. 그리스도인은 왜 정치, 문화, 환경, 인권 등 사회 문제에 관심을 가져야 할까?

교회로 오가는 길은 세상을 초월하지 않는다. 광장과 시장을 지나 학교와 마을로 이어지고 숲을 지나 이웃 마을로 뻗친 길 그 어딘가에 교회가 있다. 그 길에 있는 모든 것들, 즉 시장 선거(정치), 밀의 가격(경제), 신임 교사(교육), 가십거리(언론), 거리 악사(예술), 일찍 개화한 봄꽃(자연)은 거미줄처럼 연결되어 서로 영향을 주고받는다. 교회도 예외는 아니다. '세상에 속하지 않지만 세상 속에 거하는'(요 17:15-16) 교회의 지정학은 그리스도인이 세상과 문화와 어떤 관계를 맺고 어떻게 참여할 것인가를 묻는다. 그 길 위에서 그리스도인은 어떻게 살아야 하는가.

인류의 삶에서 종교적 영역과 공적 영역이 분리된 것은 서구 문명에서 200년 안쪽의 일이자 다른 문화권에서는 한 세기도 지나지 않은 신문화이다. 앗시리아와 바벨론, 페르시아와 이집트, 그리스와 로마, 중세 기독교 왕국들과 이슬람 제국까지 거의 모든 시대와 문화에서 종교와 정치는 뗄 수 없는 관계를 맺으며 왕부터 평민까지 모든 사람의 삶에 치밀하게 스며 있었다. 기독교도 그랬다. 콘스탄티누스 황제 이후 기독교화된 로마 제국부터 교황이 세속 군주들을 쥐락펴락하던 중세 기독교 왕국까지, 약 1,200년 동안 교회는 세상의 모든 일에 관여하면서 세속 권력을 정당화시켜 주거나 장악했다. 이렇게 교회법이 세속법 위에 군림하며 모든 공적 영역을 지배했던 이 시대를 사람들은 '크리슨덤'이라고 부른다. 종교 개혁은 로마 제국과 이를 계승한 신성로마 제국으로 대변되는 크리슨덤의 붕괴를 촉발했다. 정치와 종교 사이에 새로운 질서가 요구되었고, 루터는 만유에 대한 하나님의 통치가 두 가지 다른 방식, 즉 영적 왕국을 위한 은혜의 통치와 지상 왕국을 위한 칼의 통치로 나뉜다는 두 왕국론(two kingdoms theory)으로 응답했다. 루터의 두 왕국론은 성직자의 손에서 공권력의 칼을 빼앗아 세속 군주에게 돌려줌으로써 교회와 세속 정부가 서로 다른 영역을 관할하고 이를 존중하자는 제안이었다. 루터와 칼뱅의 두 왕국론은 17세기까지 교회와 세속의 영역이 구분되지만 긴밀한 관계를 유지하는 정치 모델로 유용했다. 하지만 둘의 밀월은 오래 가지 못했다. 18세기 이후 교회와 세속 문화는 상충하게 된다. 교회의 영향력은 점차 줄어든 반면, 세속 영역은 교회의 영향을 벗어나 자율적인 근거와 동력을 지니고 마침내 교회를 압도하는 지경에 이르렀다. 그렇게 기독교 제국의 영광이 쇠락하고 '포스트 크리슨덤'의 시대가 막을 열었다.

이성이 계시를 판단하고 세상 앞에 기독교가 무릎 꿇는 포스트 크리슨덤 시대에 그리스도인들을 지배한 감정은 혼란과 분노이다. 바뀐 세상에 혼란스러운 이들은 교회가 달라져야 한다고 주장했다. 이제는 교회가 세상을 지배하는 것이 아니라 오히려 발전한 세상을 따라잡으려고 노력해야 하며 '어떻게 교회가 세상과 조화를 이루며 세상의 진보에 참여할 수 있는지'를 고민해야 한다는 것이다. 자유주의자들이라고 불리는 이들은 '세상의 진보에 대한 낙관적 확신과 문화에의 동화'를 외쳤다. 반면 달라진 세상에 분노한 그리스도인들은, 타락한 세상의 모든 문화와 제도가 본질적으로 악하고 그리스도를 대적하므로 교회는 세상과 문화로부터 멀리 떨어져서 세속적 오염을 피해야 한다고 주장했다. 경건주의자들 혹은 신비주의자들이라고 불리는 이들은 '문화에 대한 혐오와 세상으로부터의 도피'의 길을 찾으려 했다. 인본주의적 자유주의가 근대 사회의 공적 영역에서 득세하면서 전통적인 기독교는 점차 광장을 기피하고 골방에 자신을 유폐하였다. 교회는 개인의 영혼 구원과 중생만을 이야기하였고, 그렇게 기독교 진리와 신앙이 지닌 공공성과 공적 맥락은 잊히거나 외면당했다.

## 30

19세기 말 화란의 개혁 신학자 아브라함 카이퍼는 기독교와 문화가 이분법적으로 분리되고 삶의 영역이 다원화되는 시대를 바라보고 있었다. 그는 인간과 세상의 타락에 대한 성경적 현실주의를 받아들였다. 동시에 세상과 문화를 부정하기보다 그것을 변혁하며 올바른 방식으로 참여하는 길을 애타게 찾았다. 그가 성경과 신학에서 찾은 해답은 이렇다. 첫째, 삼위일체 하나님의 우주적 주권은 보이거나 보이지 않는 만물과 만사에 미친다. 우주 만물 전체를 지배하는 하나님의 주권적 통치는 교회의 경계로 제한하거나 그리스도인의 활동 안에 갇힐 수 없다. 둘째, 그리스도의 구속적 사역은 죄인들의 구원에 한정되지 않고 온 세상의 구속까지 확장된다. 부활하신 주는 교회의 머리이시고 만물의 으뜸이자 후사이시다. 그의 주 되심은 교회와 세상 모두를 다스리는 우주적 통치권이다. 최종적인 구속이 완성되면 구원받은 영혼들의 실존뿐만 아니라 전 우주가 갱신되고 회복될 것이다. 셋째, 성령의 사역은 창조부터 모든 시대를 거쳐 그리스도의 재림과 영원까지 만유와 만사 가운데서 하나님의 뜻을 성취하고

하나님의 영광을 충만하게 이루는 것이다. 성령은 성부가
정하신 목적과 성자가 회복하신 본질에 따라 만물이 궁극적인
목적에 이르도록 역사하여 완성하는 하나님이시다. 이렇게
'하나님의 절대적 주권, 성자의 우주적 왕권과 전 우주의
총체적 구속, 성령의 우주적 사역'을 확신하며 카이퍼는 당대의
그리스도인들에게 이렇게 촉구하였다.

> 우주와 교회의 왕이신 그리스도를 위해서 살라! 우주적
> 구속을 완성하기 위해 세상과 문화 가운데서 지금도 일하시는
> 성령의 길을 따르라!

공공 신학(public theology)은 그리스도인과 교회가 처한 공적
맥락을 전제로, 기독교 진리가 지닌 공공성을 회복하고
그리스도인에게 세상과 문화의 일에 적극적으로 참여하라고
촉구하는 목소리이다. 공공 신학이란 분야가 등장한 것은
비교적 최근의 일이지만, 신학의 공적 참여에 관한 고민은
포스트 크리슨덤의 시대로 진입한 종교 개혁 이후부터
지금까지 활발하게 담론과 실천의 장을 펼쳐 왔다. 세속의
일을 수행하는 모든 그리스도인이 제사장직을 감당한다는
종교 개혁자들의 만인 제사장설 역시 공공 신학적 촉구이다.
기독교 세계관으로 무장한 그리스도인들이 정치, 경제, 사회,
교육, 과학의 각 분야에서 하나님의 영광을 위해 일하라는
아브라함 카이퍼부터 디트리히 본회퍼, 라인홀드 니버, 위르겐
몰트만, 레슬리 뉴비긴, 맥스 스택하우스, 스탠리 하우어워스,
미로슬라브 볼프까지, 그리스도인의 사회적 책임을 외치는
목소리는 끊이지 않는다.

공공 신학은 특성상 '구체적 상황'과 연동되어 있다. 교회가
처한 맥락이 다양한 만큼 그리스도인의 공적 역할도
가지각색일 수밖에 없다. 그럼에도 공공 신학의 다양한 빛깔이
중첩되는 지점이 있다. 첫째, 기독교 진리는 기독교 바깥의
사람들과 대화하고 소통할 수 있는 합리성을 지닌다. 둘째,

기독교 신앙은 사유화되고 신비화되어 영혼 구원에만 관심 가질 것이 아니라 더 넓은 사회의 영역에 참여하여 현재적 삶의 영적 의미와 가치를 발견하고 회복해야 한다. 셋째, 기독교 진리는 그리스도인만을 위한 진리가 아니라 모든 인류와 세계의 운명과 관련된 공적이고 개방적이며 우주적인 진리이다.

기독교와 세상의 관계에 대한 공공 신학의 고민은 깊고 복잡하다. 세상에 속하지 않으면서도(정체성) 세상에 참여하고 변화시켜야 하는(영향력) 교회의 사명은 들숨과 날숨처럼 조화와 균형을 이뤄야 하지만 때로 상충하고 상쇄하는 부조화의 역학으로 작용하기도 한다. 그리스도인으로서의 참된 성품과 본질을 갖추지 않는다면 세상에 동화되지 않으면서 세상을 바꾸는 일이 가능하겠는가. 그런 점에서 교회의 공적 책임은 그리스도인 각 사람이 세상을 위한 거룩한 제사장으로 부름을 받았다는 근본적 인식에서 출발하여 삶의 공적 영역으로 확장되는 '합당한 예배의 삶'(롬 12:1)이다.

# 31. 개신교회와 로마 가톨릭교회는 왜 서로 이단이라고 정죄할까?

기독교의 전통은 크게 동방 정교회, 로마 가톨릭교회, 개신교회 이렇게 세 갈래로 나뉜다. 세 전통은 원래 로마 제국에서 '하나의 세계에 속한 하나의 교회'(ecumenical church)였지만, 역사적 분기점을 거치면서 각기 다른 교리, 다른 예배 의식, 다른 실천을 지닌 독자적 전통으로 발전하였다. 한 몸을 이루다가 갈라지는 분열의 역사가 순탄했을 리 없다. 대립의 상태가 심화되다가 혐오가 극에 달했을 때는 상대를 비난하고 폭력과 살육도 마다하지 않았다. 16세기 종교 개혁으로 로마 가톨릭교회로부터 개신교회가 분리될 때도 두 진영은 상대를 이단이라고 규정하고 원수 지간처럼 척지게 되었다. 개신교회와 로마 가톨릭교회는 왜 서로 이단이라고 정죄하는가?

개신교(Protestantism)는 16세기를 기점으로 하는 신생 종교가 아니다. 개신교회(Protestant church) 혹은 개혁교회(Reformed church)라는 호칭이 말해 주듯, 개신교는 로마 가톨릭교회에 대한 반발(protestant)과 변혁(reformed)을 시도하는 과정에서 태동하였다. 개신교는 어느 날 하늘에서 떨어진 종교가 아니라 예수 그리스도의 복음으로부터 시작하여 사도들이 전하고 초대 교회와 교부들을 통해 이어진 신앙고백의 맥을 잇는 역사적 기독교이다. 만약 중세 천 년 동안 서방 세계에서 기독교의 진리와 실천을 담고 있었던 로마 가톨릭교회의 역사를 지워 버린다면, 개신교회가 속한 기독교의 계보에 공백이 생길 수밖에 없다. 종교 개혁 운동도 로마 가톨릭교회를 전면적으로 부정하는 시도가 아니라 교회를 정화하고 개혁하려는 시도였음을 상기해야 한다. 개신교의 토대를 쌓은 종교 개혁자들은 로마 가톨릭교회의 자녀(사제, 수도사, 평신도)였고, 개신교도가 믿는 정통 교리들(삼위일체 교리, 그리스도의 신성, 그리스도의 속죄, 성경에 대한 믿음 등)도 로마 가톨릭교회를 통해서 전수되었다. 로마 가톨릭교회와 개신교회가 공유하는 사도신조는 신앙고백에 있어서 동일한 지향성을 말해 주는 단서이다.

ecclesia reformata
semper reformanda
secundum Verbum Dei

31

하지만 역사와 신앙고백의 '닮음'에도 불구하고, 두 전통은 교리와 실천에서 '다름'을 보여 준다. 종교 개혁부터 나타난 둘의 교리, 문화, 실천의 차이는 지난 500년 동안 서로 공감하기 어려울 만큼 격차가 벌어졌다. 여기에는 복합적인 원인이 얽혀 있겠지만, 근원적인 문제 가운데 하나는 '권위의 원리'이다. 두 전통은 현격히 다른 권위의 원리를 토대로 교리, 예배, 의식, 직분, 질서의 교회 전통을 발전시켰다. 로마 가톨릭교회가 고수하는 불변하는 권위의 원리는 '성경과 전통'(scriptura et traditio)이다. 로마 가톨릭교회는 성경이 하나님의 말씀이라고 인정하면서도 거기에 더해 교황이나 공의회의 결정과 그것들의 전승으로 이뤄진 전통이 '기록되지 않은 하나님의 말씀'(unwritten word of God)이자 '현재에 계속되고

182

있는 살아 있는 계시'라고 믿는다. 형식상 성경 계시에 교회의
전통이 추가되고 보완되는 것처럼 보이지만, 실제로는 교황을
정점으로 한 성직자 계급이 성경을 해석하고 가르치는
독점적이고 절대적인 권위를 가짐으로써, 전통이 성경보다
더 우위에 서는 결과를 낳는다. 로마 가톨릭교회의 교리
중에는 개신교인이 이해하기 힘든 것들이 많다. 대표적인
몇 가지 예를 들자면, 죽은 자를 위한 기도, 고해 성사, 무염
수태 교리(마리아가 원죄의 오염 없이 예수를 잉태했다)와 평생 무죄
교리(마리아는 일생 동안 죄를 범치 않았다)에 기반을 둔 마리아 숭배,
교황 수위권(교황이 그리스도를 대리하는 교회의 목자이자 머리이다)과 교황
무류설(교황은 오류가 없으며 교황의 결정은 교회의 법으로서 변경할 수 없는
권위를 지닌다), 연옥 교리, 성인과 성상 숭배 교리, 화체설(사제의
축사로 떡과 포도주가 그리스도의 육체와 보혈로 물질적으로 변화한다) 등이다.
성경적 근거가 희박하거나 심지어 성경에 반하는 교리들이
생겨나 천 년이 넘도록 견고하게 유지될 수 있는 이유는
공의회나 교황의 결정이 계시와 동등한(혹은 뛰어넘는) 법적
효력을 갖는다는 권위의 구조 탓이다. 반면 개신교회의
권위의 원리는 '오직 성경'이다. 종교 개혁자들은 복음의
진리를 왜곡시키고 비성경적인 관행과 폐습을 정당화한
로마 가톨릭교회의 신학적 구조를 근본적으로 쇄신하려고
했다. 개신교회는 전통의 존재와 유용성을 인정하되 그것이
철저하게 '하나님 말씀인 성경'의 권위 아래 있다고 주장한다.
공의회와 같은 종교 회의의 결정은 어디까지나 인간의
결정이며 따라서 오류의 가능성을 지니고 있다. 어떤 교회나
성직자도 성경에 대해 절대적인 해석자가 될 수 없으며, 다만
하나님의 말씀 앞에 서서 '듣고 순종하는 공동체'일 뿐이다.
종교 개혁자들은 가장 믿을 만하고 참된 계시 해석과 실천은
교회의 전통이 아니라 성경의 저자이신 성령께 달려 있다고
천명했다.

종교 개혁 당시 로마 가톨릭교회와 개신교회 사이의 이단
논쟁은 결국 '누가 참된 교회인가'의 문제였다. 두 진영은

상대를 이단으로 단정하면서도 서로 다른 근거와 관점을 들었다. 로마 가톨릭교회는 개신교회를 '통일된 보편 교회(ecclesia catholica)를 쪼갠 분열주의 이단'이라고 비난하는 반면, 개신교회는 로마 가톨릭교회를 '그릇된 전통에 얽매인 비성경적인 이단'이라고 정죄했다. 로마 가톨릭교회는 교회 자체를 지키는 게 중요했고, 개신교회는 성경의 복음을 지키는 게 중요했다. 로마 가톨릭교회에게 참된 교회는 베드로의 사도직이 합법적으로 계승된 교회였기 때문에 교황권을 지닌 자신들이 유일한 보편 교회라고 주장한다. 1545년부터 1563년까지 반(反)종교 개혁 노선을 다진 트렌트 공의회는 로마 가톨릭교회의 적폐를 해소하기보다 개신교회가 보편 교회로부터 이탈한 분리주의 이단이라고 단죄하고 파문과 정죄를 외치기에 급급했다. 400년이 넘게 지속된 로마 가톨릭교회의 적대적 정죄는 1952년부터 1956년까지 열린 제2차 바티칸 공의회에서 개신교도들을 '갈라진 형제들'로 칭하며 다소 완화된 태도로 돌아섰다. 하지만 로마 가톨릭교회에게 개신교회는 여전히 합법적인 교회가 아니라 분파적인 '신앙 공동체'이며 개신교회에서 받은 세례도 불법적이고 무효인 성례에 불과하다. 제2차 바티칸 공의회에서 반포한 교회에 관한 교의헌장(Lumen Gentium) 제8조는 "로마 가톨릭교회만이 그리스도의 유일한 교회이며 하나의 거룩하고 보편적인 사도적 교회"라고 명시한다. 역사상 가장 개혁적이었던 이 공의회는 로마 가톨릭교회 바깥에서도 성령이 일하시고, 구원이 있으며, 비신도일지라도 '무명의 그리스도인'으로 불릴 자격이 있다고 인정했다. 이는 이전에 비해 전향적인 변화임이 틀림없지만 구원론에서 보여 준 '양보'는 교회론에서 어림없는 일이다. 개신교 교회론에서 참된 교회는 베드로의 사도직을 합법적으로 승계하는 형식적 교회가 아니라 성경적 신앙을 고백하고 거룩하게 삶으로써 '사도적 가르침을 계승한 교회'이다. 종교 개혁 당시 참된 교회는 하나님의 말씀에 따라 개혁된 교회(ecclesia reformata)였다. 종교 개혁자들의 눈에 로마 가톨릭교회는 번듯한 건물과 성직자들의 화려한 옷차림, 장엄한 의식만 있을 뿐, 정작 하나님의 말씀인 성경이 바로 전해지지 않기에 참된 교회가 아니라 이단이었다.

이렇듯 두 전통이 서로에게 적용하는 '이단의 이유'는 범주가 달라서 결판도 화해도 요원하다. 그렇기에 교회론의 차원에서 로마 가톨릭교회와 개신교회 중 누가 이단이냐 하는 문제는 공소 시효 지난 실익 없는 논쟁이다. 그런 논쟁은 한 집안에서 잘잘못을 따져서 결판을 내거나 화해할 일이기 때문이다. 수많은 교파와 교단으로 나눠진 개신교의 역사를 알고 나면 '하나님의 말씀에 따라 계속 개혁되어야 한다'는 종교 개혁의 가치는 상대보다 우리 자신을 먼저 들여다보는 거울로 삼아야 한다. 체질화된 전통은 바꾸기 힘들기 마련인데, 이제 개신교도 500년이 넘어가는 묵은 전통이 되었다. 구원의 문제에 대해서도 우리는 다른 전통에서 구원받을 자가 있는지에 대해서 '절대 그럴 수 없다'라고 답해서는 안 된다. 복음에 원수처럼 굴던 동족 유대인들을 안타까워하며 바울이 "하나님의 은사와 부르심에는 후회하심이 없느니라"(롬 11:29)라고 확신했던 것은 그들의 구원이 하나님의 주권과 은혜에 달려 있기 때문이었다. 마찬가지로 로마 가톨릭교회, 다른 교단, 다른 공동체에 속한 이들의 운명에 대해서도 우리는 그와 같이 말해야 한다. "말할 수 없는 것에 관해서 침묵하지 않으면 안 된다."(비트겐슈타인, 《논리철학논고》, 1922)

# 32. 이단은 무엇이고 어떻게 생길까?

기독교는 바른 신앙(정통)을 중요시하는 종교이다. 그리스도인은
신앙 공동체에 들어가는 순간부터 정통 교리를 공적으로
고백할 것을 요구받는다. 다른 종교들이 종교적 관습, 의식,
문화와 삶을 중심으로 돌아가는 모습과 비교할 때 교리와
신앙고백을 중요시하는 기독교는 유별나다. 기독교와 전통을
공유하는 유대교만 해도 예배 의식과 관습이 종교 생활의
중심이었고, 고대의 다신교적 종교에서도 종교적 의식이
신앙 자체로 여겨졌다. 이에 반해 기독교는 바른 교리와 바른
신앙고백에 가장 근본적인 정체성이 달렸다고 보기 때문에
이단(다른 가르침)을 가장 중대한 위협으로 인식한다. 기독교에서
정통과 이단은 어떻게 결정되는가?

하나님과 구원에 관한 기독교의 진리는 근본적으로 인간의
이성과 언어를 초월하는 신비이다. 하지만 교회는 삼위일체,
그리스도의 양성, 속죄, 이신칭의 등 초월적인 신비에 속한
진리를 가장 적절한 인간의 언어로 담아내고자 노력했다.
정통이란 성경이 계시하는 하나님과 구원의 신비를 밝히려는
노력 가운데 진정성, 통일성, 규범성을 인정받은 일관성 있는
해석 체계이다. 기독교 정통의 강은 땅의 역사를 관통하며
흘러왔다. 정통의 본류는 사도들의 가르침에서 시작해
초대 교회를 거쳐 아타나시우스, 바실리우스, 키릴루스,
아우구스티누스와 같은 교부들을 통해 흘렀다. 종교
개혁자들은 중세말의 로마 교회에서 왜곡된 교부들의 순수한

신앙의 물줄기를 되찾아 그 흐름을 잇고자 했다.

이단은 정통의 맥락에서만 정의될 수 있다. 이단(異端)의
뜻풀이도 "끝이 다름"이니 동일한 흐름이 갈라져서 결론이
달라지는 형국을 가리킨다. 정통의 본류에서 벗어나
고립되다가 맥이 끊겨 죽은 혈관인 셈이다. 정통의 관점에서
이단은 정통이 고수하려는 기독교 진리를 위협하고 그 핵심을
왜곡하는 해석이나 실천이다. 다시 말해서 이단은 겉으로
복음의 외양을 지니지만 궁극적으로 복음을 훼방하고 믿음
공동체를 위협하는 체계이다. 이단은 정통의 줄기로부터
나왔다는 점에서 무신론이나 타 종교와 구분된다. 지적인
체계나 일관된 세계관이 부족한 유사 기독교(사이비)는 엄밀한
의미에서 이단 축에 끼지 못한다. 한 개인의 미숙한 신앙이나
윤리적 일탈, 또는 공동체의 파당도 그 자체로 이단이라고
부르지 않는다. 기독교 역사에서 이단은 믿음 공동체의 바깥이
아니라 내부로부터 파생되었다. 초기 이단의 이력을 보면,
교회 안에서 일어난 이견이 점차 공존 가능한 범위를 벗어나
기독교의 본질과 상충하는 이설로 자라남을 알 수 있다.
그렇게 이단은 교회의 마당에서 자라난다. 설령 이단의 사설이
교회 너머에서 흘러들어 왔을지라도, 그것이 뿌리내리고
넝쿨을 뻗는 곳은 믿음 공동체와 그리스도인들이다.

역사상 등장했던 이단들은 각기 다른 상황의 틈바구니에서
자라났다. 펠라기우스주의는 하나님의 주권적 은혜에 대한
교리가 도덕적 방종과 무책임한 신앙을 조장한다며 윤리적
대안으로 등장했지만 정작 복음의 본질을 왜곡하였다.
아리우스주의로 대표되는 삼위일체 이단들은 당시 지배적이던
철학 사상에 기독교 진리를 맞추려다 삼위일체의 신비를
손상시켰다. 또한 기독교가 특정한 문화나 종교의 상황에
적응하는 과정에서 이단이 발생하기도 했다. 로마 제국의
변방인 북아프리카에서 발흥한 이슬람이나, 유대교에 기독교
진리를 접목한 에비온파가 그런 예이다. 정통을 표방한

주류 교회가 영적으로 해이해지고 윤리적 삶에 실패했을
때 생겨난 대안 운동이 이단으로 흘러가기도 했다. 로마의
타락상에 경악한 펠라기우스나 3세기 북아프리카를 휩쓴
몬타누스주의가 그런 예이다. 기독교 정통의 입장에서
이단은 진리에 대한 위협, 교회의 권위에 대한 도전, 교회의
통일성을 해치는 분열이었다. 하지만 때로 이단은 타락한
교회의 대안 공동체, 형식화된 구원에 대한 성경적 회복, 더
순수한 성경 해석에 대한 기득권의 억압이기도 했다. 중세
로마 가톨릭교회의 암흑기에 일어난 종교 개혁 운동은 사회적,
종교적, 정치적 대안의 성격이 강했다. 후대에 넓은 의미의
종교 개혁 운동으로 평가되는 발도파, 위클리프파, 후스파
등은 정통을 자처하는 로마 교회에 의해 이단으로 정죄당했다.
루터를 비롯한 종교 개혁자들이 로마 교회에 의해 이단시된
것은 두말할 것도 없다.

과거에 이단으로 평가받은 것들이 당대나 후대에 완화된
재평가를 거쳐 그 진가와 명예가 회복되는 일도 있다. 종교
개혁 당시 많은 유럽인은 로마 교회에 의해 이단시된 종교
개혁자들의 사상이 성경에 부합된 정통 신앙이고 신교를
이단이라 정죄한 로마 교회가 오히려 이단에 가깝다고
생각했다. 이런 정통과 이단의 반전을 통해 종교 개혁 운동은
'죽은 정통에 대한 혁신과 대안'임을 자처할 수 있었다.
포스트모더니즘의 시대에 들어서서는 권위주의가 극도로
혐오받고, 소수자의 권리와 다양성이 존중되며, 전통과
종교의 영향력이 약화되었다. 이에 따라 정통과 이단의 경계가
모호해지고 반전의 분위기도 한껏 무르익었다. 어떤 사람들은
정통이 권력의 편에 선 종교 이데올로기에 불과하다고
말하며 오히려 이단이 '역사에서 패배한 소수의 정통'이라고
치켜세웠다. 이런 해석에는 나름의 역사적 근거가 있다. 예를
들어 정통 삼위일체주의자(니케아주의자)와 아리우스주의자
사이의 종교적 다툼은 후원하는 황제의 권력에 따라 정통과
이단의 형세가 뒤집히기도 했다. 이베리아 반도에서 이슬람

세력을 몰아내고 뒤늦게 정통 가톨릭 국가로 인정받기 원했던 스페인에서는 이단 재판소가 횡행했다. 이단이라는 미명 하에 수많은 정적과 반대자들을 처단한 것이다.

## 32

종교의 어두운 역사들을 보면 정통과 이단의 구분이 '옳고 그름의 문제'가 아니라 '역사에서 권력을 쟁취한 자와 패배한 자의 정당화 문제'인 것처럼 보일 수 있다. 하지만 지금까지 이어져 온 정통과 수많은 이단들의 차이가 단지 권력 싸움의 결과일 수는 없다. 정통 신앙이 핍박과 소외를 당하면서 권력의 주변부로 밀려난 역사도 적지 않다. 이단들이 명맥을 유지하지 못하고 사라진 이유는 종교 권력의 희생양이 된 탓이 아니라, 진리에 대해 지적으로 엄밀하지 못하고 윤리적으로 견고하지 못한 탓이 아닐까. 비록 정통 신앙을 지키려는 교회가 항상 완전한 행보만 보이지는 못했을지라도, 많은 그리스도인이 그 안에 머무는 이유는 정통 신학이 성경적 복음을 바로 대변하는 일관성과 진정성, 견고함을 지니기 때문이 아닐까. 신학적 다양성이라는 이름으로 정통을 추구하고 이단을 분별하는 노력을 깎아내려서는 안 된다. 다만 그런 노력이 권력에 취한 '죽은 정통' 혹은 '죽이는 정통주의'가 아니라 '살아 있는 정통', 지적 아름다움과 고결함, 역동하는 생명을 지닌 정통이 되기를 바랄 뿐이다.

## 33. 믿는 자의 이혼에 대해 로마 가톨릭교회와 개신교회의 입장은 왜 다를까?

기독교에서 혼인은 단순히 두 남녀 사이의 사적이고
육체적인 결합이 아니다. 남자와 여자가 생명과 사랑으로
연합하여 친밀한 공동체를 이루는 혼인 제도는 부부의 행복,
자녀의 출산과 구원을 위하여 하나님이 제정하신 제도이다.
혼인이 엄숙하고 신성한 제도라는 점에서 개신교회와 로마
가톨릭교회의 견해는 다르지 않다. 하지만 혼인의 해소,
즉 이혼에 관해서는 두 전통의 접근이 판이하다. 로마
가톨릭교회는 특별한 혼인 무효 사유가 없다면 혼인을 통해
맺은 신자의 이혼을 허용하지 않지만, 대부분 개신교회는
신자의 이혼 자체를 금지하지 않는다. 개신교회와 로마
가톨릭교회의 혼인 신학을 들여다보자.

로마 가톨릭교회의 혼인관은 아우구스티누스로부터 비롯된다.
아우구스티누스는 이교도들의 난잡한 혼인 풍속과 구별되는
기독교 혼인관을 정립하기 위해 혼인의 엄숙함을 성례의
신성함과 결부시켰다. 아우구스티누스의 혼인 신학을 계승한
중세 로마 교회는 혼인을 그리스도와 교회 사이의 영원한
연합의 상징으로 승격시켰다. 혼인은 혼인 당사자뿐만 아니라
교회 공동체에 '성화적 은총'을 미치는 수단으로서, 교회의
영적인 법에 종속되어야 했다. 중세 교회법은 혼인을 '성례'로
명시하고 교회와 성직자가 모든 이의 혼인을 감독하고
지배하게 했다. 성례로서의 혼인이라는 로마 가톨릭교회의
입장은 지금까지 그대로 유지되고 있다. 로마 가톨릭교회에서

혼례식은 성사 예전으로 진행된다. 신랑과 신부가 고해 성사를 한 다음 사제 앞에서 혼인을 합의하여 서로에게 혼인 성사를 주면, 최종적으로 사제의 축복을 통해 혼인 성사가 유효하게 된다. 얼핏 로마 교회의 혼례식은 개신교회의 혼인 예식과 다를 바 없어 보이지만, '성례(성사)'라는 한 마디가 엄청난 차이를 만든다. 교회만이 부여할 수 있는 신성한 은총인 일곱 성사의 효력은 절대적이어서 결코 무효화할 수 없기 때문이다. 성사로서의 혼인은 본성상 영구적이고 독점적인 유대의 상태를 유지해야 하며 교회가 승인한 완결된 혼인 유대는 절대로 해소될 수 없다. 설령 간음, 유기, 학대 등 더는 부부가 동거를 유지하기 힘들 정도로 파탄 상태에 이를지라도, 교회가 맺어 준 혼인 관계를 무효화하는 것은 원칙적으로 불가능하다. 다만 이런 경우 로마 가톨릭교회는 부부의 실질적 별거와 동거의 종식('식탁과 침실에서의 분리')만 인정해 준다. 물론 로마 가톨릭교회의 교회법에 따라 이혼이 허락되지 않는다고 해도 세속법(민법)에 따른 이혼과 재혼의 길은 열려 있다. 하지만 이혼자와 재혼자는 로마 가톨릭교회의 교회법상 결함이 발생한 것으로 여겨져 성체 성사를 하지 못하고 교회의 직책도 맡을 수 없다. 교회법상 구제할 수 있는 유일한 방법은 당사자가 이혼과 재혼의 죄를 고해로 뉘우치고 독신을 결단하는 길뿐이다.

성과 결혼은 항상 인류의 생활사나 문화사의 심부를 차지하는 문제였다. 혼인은 개인의 행복이 달린 문제를 넘어서 국가를 나누거나 합치는 정략의 수단이자 전쟁의 명분이었다. 혼인을 성례화시켜 교회의 관할 아래 둔 중세 로마 교회는 평민들의 삶에 관여할 뿐만 아니라 유럽 황실의 혼사에 개입하여 돈과 권력을 챙겼다. 중세 후반에 이르자 로마 교회가 강요했던 혼인 제도의 폐단이 극에 달했다. 독일에서 성직자의 매춘이 만연하고 고위 성직자들의 축첩이 공공연하게 이뤄졌다. 공창을 들락거리던 성직자의 일탈로 많은 사생아가 생겼고 그들 중 일부는 '아버지라 부를 수 없는 아버지를 따라'

성직자가 되었다. 독신 생활을 고무하고 성을 경멸하는 사회 풍조로 인해 많은 젊은이가 혼인을 포기하였고, 부모들도 자녀들이 수도원이나 수녀원에 들어가 자신들의 내세를 위해 공로를 쌓아 주기를 바랐다. 부모들은 자신들의 뜻대로 정략 결혼을 강요하기 위해 이미 결혼한 자녀들조차 수녀원이나 수도원으로 입단시켜 이전의 혼인 관계를 무효화했다. 혼인 합의는 사제나 수녀가 되겠다는 종교적 서약을 했다면 언제든 무효가 될 수 있고 심지어 혼인이 성립된 이후라도 그 전에 독신이나 정절의 종교적 서약을 했다는 증거만 있다면 혼인이 자동으로 취소된다는 교회법을 악용한 것이다. 로미오와 줄리엣이 그랬던 것처럼, 교회와 부모의 반대에 직면한 미성년자들은 몰래 비밀 결혼식을 치렀다.

종교 개혁자들이 '개혁'을 외쳤을 때 '혼인 개혁'도 포함되어 있었다. 혼인 개혁은 종교 개혁 운동의 중요한 목표 중 하나였다. 종교 개혁자들은 중세 교회의 성직자 독신 제도, 수도원 서약, 그리고 성례적 혼인이 성경의 가르침을 왜곡할 뿐만 아니라 혼인에 대한 사법 관할권을 독점하여 타락한 사회를 만들었다고 규탄했다. 종교 개혁이 추진된 도시에서는 혼인에서 성례라는 굴레를 벗고 세속 권력에 혼인 관할권을 이양하는 입법이 추진되었다. 그렇게 마련된 개신교 지역의 혼인 조례들은 현대 가족법의 토대가 되었다. 개신교 혼인

조례들은 기본적으로 혼인이 두 성인 남녀의 합의에 따라서 성립된 사적 계약이라고 본다. 개신교 혼인법에 따르면 가족의 삶이란 남편과 아내가 한 가정에서 공동생활을 하면서 자녀를 양육하고 이웃과 조화로운 관계를 영위하는 것이다. 또한 독신이나 정결의 종교적 서약을 혼인 무효 사유로 인정하지 않고 결혼 생활이 불가능할 정도의 신체적 불구만을 혼인 무효 사유로 인정했다. 무엇보다 개신교 혼인법은 이혼을 금지한 로마 교회의 교회법과 달리 간음 등의 사유로 이혼할 수 있도록 규정하였다. 이로 인해 수많은 귀족과 평민들이 이혼하기 위해 개신교 지역으로 몰려들었다.

그렇다고 개신교회가 혼인의 신성하고 엄숙한 가치를 포기한 것은 결코 아니다. 혼인은 성례가 아니지만, 여전히 '하나님이 설립하고 주재하시는 신적 제도'임에는 변함이 없다. 개신교회의 혼인관을 정립한 칼뱅은, 혼인의 주재자이신 하나님이 남자와 여자의 상호적 맹세를 통해 둘의 유대를 허락하시고 언약적 관계로 이끄신다고 단언했다. 혼인은 단순히 사적인 계약이 아니라 '종교적이고 공적인 언약'이므로 당사자의 합의뿐만 아니라 가족, 교회, 정부의 공적인 관여를 통해서 성립되고 합법성을 보장받는다. 칼뱅이 있던 제네바에서는 혼인 예식에 목회자, 부모, 하객과 행정관이 언약의 증인으로 참여했다. '언약으로서의 혼인'이라는 개신교회의 혼인관은 이혼의 자유를 선언한 것이 아니다. 비록 혼인이 성례적 은총으로 인정되지 않을지라도, 여전히 혼인은 하나님의 권위로 맺어진 가장 경건한 언약이다. 혼인으로 맺어진 남편과 아내는 쉽사리 분리되어선 안 된다. 혼인은 부부가 믿음의 가정을 통해 거룩한 삶과 구원의 심오한 비밀을 알아 가는 놀라운 관계이다. 그리스도인이라면 이혼을 허락하는 세속법의 규정을 넘어, 혼인에 대한 성경의 가르침에 순종해야 한다. "결혼은 미친 짓"이라며 혼인에 극도의 회의를 비치는 것이 시대의 풍조이지만, 성경은 하나님이 세우신 이 거룩한 결속의 "비밀이 크도다"(엡 5:32)라고 말한다.

# 34. 선교는 모든 그리스도인과
# 교회의 사명일까?

> 그러므로 너희는 가서 모든 민족을 제자로 삼아 아버지와
> 아들과 성령의 이름으로 세례를 베풀고 내가 너희에게 분부한
> 모든 것을 가르쳐 지키게 하라 볼지어다 내가 세상 끝날까지
> 너희와 항상 함께 있으리라(마 28:19-20).

부활하신 그리스도가 승천하기 전 마지막 유언처럼 명하신
이 말씀은 지상(至上)명령 혹은 대 위임 명령이라 불린다.
이 명령에 따라 선교는 가장 막중한 교회의 사명이 되었다.
그럼에도 교회와 그리스도인에게 '선교'는 낯선 문화와 언어가
주는 불편함, 열악한 환경을 감내해야 하는 어쩌면 가장
피하고 싶은 사명일 것이다. 소수의 그리스도인은 선교사의
삶을 선택했지만, 대부분 그리스도인은 선교 현장에서
멀찍이 떨어진 후방에 머물렀다. 일반 시민이 전부 최전방의
군인일 수 없듯 모든 그리스도인이 선교사가 될 수는 없다는
식으로 말이다. 그렇게 선교는 여력 있는 교회가 감당하는
프로그램이거나 특별한 사명으로 헌신한 선교사와 선교
단체의 일이 되었다. 부담스런 선교의 짐을 덜어 내는 현대
그리스도인의 편리한 사고는, 최근 선교에 관한 새로운 사상에
의해 도전받고 있다.

처음부터 교회는 선교와 뗄 수 없는 공동체였다. "믿는 무리가
한마음과 한뜻이 되어"(행 4:32) 재물을 나눠 쓸 정도로 단결된
예루살렘 교회는 박해로 인해 뜻하지 않게 선교에 뛰어들어

복음을 유대 지역 너머로 전파했다(행 8:1). 황제 숭배를 국가 종교로 삼은 로마에서 기독교는 다신교 가운데 하나에 들지 못하고 반국가적, 반인륜적 종교로 낙인 찍혔다. 당시의 선교는 우상 숭배와 이교 문화에 저항하고 박해를 감내해야 하는 처절한 증언, 곧 순교(martyrium)였다. 기독교가 제국의 종교가 되면서 선교의 개념은 바뀌었다. 로마 제국에서 선교는 변방의 이교도를 충실한 로마 제국의 시민이자 기독교도로 개종시키는 일이었다. 10세기경 십자군 전쟁에 참전해서 '주의 이름으로' 이슬람 교도를 학살하고 약탈한 중세 기독교국의 신도는 선교사라기보다 성전(聖戰)을 수행하는 정복자에 가까웠다.

## 34

선교라는 개념이 본격적으로 등장한 것은 16세기 종교 개혁 이후의 일이다. 유럽에서 일어난 신교와 구교의 '개종' 경쟁은 고스란히 신대륙으로 옮겨 갔다. 청교도들은 종교 전쟁으로 아수라장이 된 유럽을 떠나 처녀지 대륙에 하나님 나라를 건설하려고 했다. 로마 가톨릭교회도 개신교에 빼앗긴 유럽의 세력을 만회하기 위해 신대륙에 관심을 기울였다. 특히 뒤늦게 정통 가톨릭 국가로 합류한 스페인 왕국은 신대륙 개척과 포교에 국력을 집중했다. 로욜라의 예수회는 개신교의 이신칭의에 대항하기 위해 '행동하는 신앙'을 강조하면서 '지구 반대편에서 선교하다 죽는 것이 진정한

신앙이다'라고 선교를 부추겼다. 신대륙의 은금에 대한 욕망과
함께 선교의 열정은 당시 가톨릭 교도들 사이에서 광풍처럼
번졌다. 우리에게 익숙한 '타문화 선교'는 서구 제국주의가
팽창하는 시기에 형성되었다. 선교의 열정을 품은 선교사들이
선교지로 들어가는 길은 열강이 통상 압력으로 열어 놓은
군함의 항로와 중첩되었다. 복음의 영역을 서구 세계 바깥의
비서구 세계로 확장시킨 근대 선교의 역사는 근대적 교육과
문물을 전하고 민주적 제도를 도입시키는 순기능뿐만 아니라
제국주의의 억압을 정당화하고 전통 문화를 파괴하는
역기능을 일으키기도 했다. 근대의 선교는 서구 세계의 파송
교회와 비서구 세계의 선교지라는 이분법적 구도 속에서,
중심에서 주변으로 혹은 상층에서 하부로 복음, 사람, 물자가
이동했다. 하지만 100여 년 전과 견주어 천지개벽이라 할 만큼
세상이 바뀐 우리 시대에 근대의 선교 개념은 적실성을 잃었다.
새로운 선교 패러다임을 찾는 시대에 일단의 선교 신학자들은
'하나님의 선교'와 '선교적 교회론'이란 사상과 운동을
내놓았다. 이 새로운 생각의 골자는 이렇다.

> 하나님은 선교적 하나님이시고 선교는 삼위일체 하나님의
> 삶에서부터 하나님의 일이었다. 선교는 세상을 향해 하나님의
> 일이자 활동이며, 교회의 선교는 하나님의 선교에 참여하는
> 일이다. 선교적 삶을 살지 않고는 선교적 하나님을 알 수도
> 없고, 또한 선교적 하나님을 만났다면 선교적 삶을 살 수밖에
> 없다. 그리스도인이 된다는 것은 하나님으로부터 보냄을 받아
> 성육신하시고 십자가를 지신 그리스도와 연합하여, 자신도
> 그리스도로부터 보냄을 받아 세상을 향한 그분의 선교에
> 참여하는 것이다.

선교적 교회론은 교회의 일개 프로그램이나 부차적 활동으로
여겨 온 선교를 교회의 본질과 정체성의 핵심으로 옮겨 왔다.
'교회의 선교'가 아니라 '선교적 교회'라는 자구는 절묘하고
의미심장하다. '선교적'이란 속성 형용사는 '선교적 교회',

'선교적 그리스도인', '선교적 사고', '선교적 삶', '선교적 습관', '선교적 해석학'과 같이 그리스도인의 모든 이론과 실천이 지닌 본질을 가리키는 뿌릿말로 쓰일 수 있기 때문이다. 선교적 교회론은 삼위일체 하나님이 '선교적 하나님'이시고 선교는 영원부터 하나님의 일이라는 '하나님의 선교'(missio Dei) 사상에 뿌리를 내리고 있다. 영원 속 삼위 하나님의 삶과 활동은, 서로 안에서 서로와 함께 서로를 통해 이뤄진 페리코레시스적 삶이었다(8번째 질문 '하나님의 하나 됨과 셋 됨을 설명하는 방법은 하나일까?'를 참고하라). 삼위 하나님이 누리시는 사랑은 서로에게 자신을 보내는 자기 초월과 자기 보냄(파송)을 본질로 삼기에, 영원한 '선교적 삶'이라 부를 수 있다. 영원부터 하나님의 일(missio . Dei)은 선교적 삶이었고, 그 연장선에서 일어난 창조도 세상을 향한 하나님의 사랑에서 시작되었으며, 구원도 성부가 성자와 성령을 보내시는 '세상과 인간을 향한 하나님의 일'이다. 창조와 구속의 모든 이야기는 결국 '부르심과 보내심'의 이야기, 하나님의 선교와 거기에 참여하는 인간의 선교 이야기이다. 하나님이 그 백성을 교회로 부르심은 보냄(선교)을 위해서이다.

북미에서 대안적 운동으로 일어난 '선교적 교회 운동'(the Missional Church Movement)은 어떤 지점에서 전통적인 교회론과 갈등을 일으켰다. 어떤 이들은 갈등의 원인이 '복음주의적 신앙고백으로부터 이탈했기' 때문이라고 보지만, 더 근본적인 차이는 '교회가 세상에서 **어떻게** 자리매김할 것인가'에 있다. 전통적인 교회처럼 건물, 직제, 예배를 중심으로 세상 바깥에서 신자들을 '세상으로부터 부르는' 공동체가 될 것인가? 아니면 수평적인 소규모로 이루어진 평신도 모임을 '세상으로 내보내는' 적극적인 공동체가 될 것인가? 교회는 시대와 상황 속에서 사명을 추구하므로 세상 속 자리와 세상을 바라보는 자세에 대해 생각이 유동적으로 변하기 마련이다. 그렇다고 예배 공동체이자 선교 공동체인 교회의 본성이 달라지지는 않는다. 교회의 생명은 들숨과 날숨으로 구성된다. '들숨'에 해당하는 예배만 지나치게 강조하면 교회 자체의 존립만 추구하는 바벨탑 교회론으로 변질할 위험이 있다. 이런 자기 확장과 탐욕의 교회론에서는 '날숨'에 해당하는 구제와 선교가 시혜 프로그램이나 확장 전략 중 하나로 치부되고 만다. 선교적 교회론은 선교 공동체 됨을 회복하여 참된 예배 공동체의 본질 또한 회복하자고 주장한다. 500년 전 종교 개혁자들이 만인 제사장론을 외쳤듯이, 선교적 교회론은 "모든 그리스도인이 선교적 삶을 살라고 부름 받았다"라고 외치는 셈이다. 그 묵직한 울림에 우리의 가슴은 어떻게 호응할 것인가.

# 35. 교회에 꼭 건물이나 직분이나 제도가 필요할까?

#신자의_어머니 #mater_fildelium #사역 #예전 #leitourgia

직분, 제도, 건물과 같이 눈에 보이는 요소들은 '교회다움'에 꼭 필요할까? 이 질문은 어느 시대나 있었지만 주로 종교 개혁자들의 후예인 개신교도가 자주 꺼내 들었다. 개신교회도 건물, 직분, 교단이라는 유형적 전통을 쌓아 가지만, 종교 개혁부터 비롯된 반전통주의(anti-traditionalism)가 있기 때문이리라. 특히 교회가 윤리적 삶에 실패하고 성장주의에 매몰될 때, 잠복해 있던 반전통주의적 성향은 다시 활성화되곤 한다. 우리는 교회의 외적 요소들을 어떻게 받아들여야 할까?

무엇에 대한 반동은 반대하는 동기가 클수록 자기 파괴적으로 돌변할 위험이 있다. 무엇인가를 베려고 날카롭게 벼린 칼에 자신이 상처 입을 수 있다. 이런 과유불급의 상황은 종교 개혁에서도 재현되었다. 종교 개혁 당시 급진파들은 개혁이라는 미명 아래 교회의 직분과 예전, 심지어 성경까지, 눈에 보이는 모든 요소를 부정했다. 그들의 눈에는 신령한 사람들이 모여 성령의 직통 계시를 받는 공동체만이 진짜 교회였다. 루터는 당시 독일에서 유행했던 격언으로 이들의 과격함이 지닌 오류를 꼬집었다.

> 목욕물과 함께 아이를 버리다(Schüttet das Kind mit dem Bade aus).

급진파 광신도들이 개혁이랍시고 교회를 뒤엎는 것은 아기를 씻긴 뒤 더러워진 목욕물과 함께 아기를 내버리는 짓과 다를 바 없다는 말이다. 그들은 종교 개혁의 전장을 오해하였다. 종교 개혁자들은 교회가 유형적 구조를 갖춰야 하느냐 마느냐의 문제가 아니라, 교회의 직분과 질서를 어떻게 참된 권위로 바로 세우느냐의 문제로 씨름했다.

## 35

그 답변이 '오직 성경'이다. 오직 성경의 원리는 교회의 유형성과 전통의 가치를 부정하는 전복의 논리가 아니다. 그것은 교회의 권위가 하나님의 말씀인 성경 '아래'에 있다는 구조적 재조정이다. 교회가 성경 '위'에 있거나 '나란히' 있다고 본 로마 가톨릭교회에 따르면 그리스도의 통치는 교황과 성직 제도에 위임되고 교회의 직분이 그리스도의 몸과 동일시된다. 하지만 교회가 성경 '아래'에 있다고 주장할 때 직분과 질서는 교회를 '직접' 통치하시는 그리스도에 의해 쓰이는 도구가 된다. 종교 개혁은 그리스도의 종이자 도구로서 교회를 바로잡자는 것이지 때려죽이자는 게 아니다.

모든 개혁 운동에는 '작용과 반작용'이 함께 일어난다. 종교 개혁 초기에는 유형 교회를 강렬히 반대했지만 이후에는 유형 교회를 옹호함으로써 극단으로 치우침을 피했다. 2세대 종교 개혁자인 칼뱅은 로마 교회가 즐겨 쓰던 비유 '신자의 어머니'를 다시 사용하여 신자와 교회의 뗄 수 없는 관계를 강조했다. 어머니의 존재가 없다면 누구도 세상에 태어나서 돌봄을 받을 수 없는 것처럼, 직분과 질서를 가진 교회가 없이 그리스도인이 탄생하고 성장하기는 불가능하다. 칼뱅이 교회를 빗대어 사용한 또 다른 상징은 '학교'이다. 학교는 아이들의 몸과 마음의 질서를 세워 사회의 일원으로 형성시킨다. 마찬가지로 하나님은 자신의 백성을 참된 믿음에서 거룩한 삶을 살도록 교회를 '교육과 형성의 장(場)'으로 사용하신다. 하나님은 보이지 않으시기에, 보이는 직분과 활동으로 구성된 학교를 주신 것이다. 한마디로 교회는 그리스도의 믿음을 형성하고 강화하는 기관이다. 믿음은 하나님의 말씀에 대한 지적인 동의에 그치지 않는다. 믿음은 한 개인의 자아에 새롭게 자리 잡은 본질적 성향이자 질서이다. 특정한 기질과 습관은 개인이 참여하는 사회적 몸, 즉 공동체를 통해 형성된다. 한 사람이 그리스도인으로서 살기 위해 내면에 질서를 세우는 데에는 골방의 개인 훈련만으로 불충분하다. '한 아이를 키우는 데 마을 전체가 필요하다'라는 아프리카의 속담처럼, 그리스도인이 형성되려면 공유된 믿음과 공동체적 실천의 네트워크가 필요하며, 하나님의 말씀을 들려주고 보여 주고 행하는 제도가 제대로 작동해야 한다. 아이들에게 학교가 그렇듯이 말이다.

타락은 창조 세계에 대한 반달리즘이다. 하나님이 정하신 창조의 질서를 망쳐 놓는 타락은 인간의 영혼에서 몸으로, 사회적 관계로, 문화적 삶으로 퍼져 가면서 창조 세계 전체를 잠식했다. 타락이 질서의 파괴, 구조의 파괴이기에 구속은 질서와 구조의 회복이어야 한다. 구속의 중보자가 몸을 지닌 인간으로 성육신하셔야 했던 이유도 바로 이것이다. 그리스도의 몸인 교회는 제도를 지닌 기관의 형태를 취한다. 교회가 그저 영적인 공동체라면 몸을 가지고 사회적 활동에 참여하는 사람을 품을 수 없고 더 나아가 사회적, 정치적, 문화적, 윤리적 구조를 지닌 세상의 질서를 변화시킬 수 없다. 교회는 개인, 사회, 국가와 유사한 몸의 구조, 즉 가시적이고 공적이고 정치적이며 제도적인 형태를 띠어야 한다. 그래야 세상과 동떨어지지 않고 개인과 사회의 손을 잡고 끌어안을 수 있다.

구원은 인간을 참된 예배자로 회복시키는 일이다. 어떻게 타락한 인간이 참된 예배자로 바뀔 수 있을까? 예배를 가리키는 성경의 삼중적 표현이 단서다. 예배는 하나님을 경외하고 높이는 '경배'(프로스퀴네오)를 본질로 삼는다(요 4:23-24). 하나님을 향한 경배는 전인적인 삶의 예배(라트레이아)로 이어진다(로마서 12장 1절에서 '영적 예배'라고 번역된 헬라어는 '합당한 예배'라고 읽는 편이 더 자연스럽다). '프로스퀴네오'와 '라트레이아'를 형성하는 것은 '레이투르기아'(고후 9:12), 즉 공적 예배와 공동체적 삶이다. 참된 예배자는 허공에서 길러지는 것이 아니라 하나님의 말씀과 구속의 이야기가 체현된 예전적(liturgical) 공동체 속에서 거룩한 습관과 욕망을 배우고 익힌다. 쇠가 쇠를 갈고 자르고 벼리듯이, 우리의 몸(삶)도 교회라는 공동체의 몸(삶) 속에서 형성된다. 교회가 하나님의 사람을 길러 내는 바르고 건강한 몸인지부터 묻자.

# 36. 세례의 물과 성찬의 떡과 포도주는 우리 신앙에 어떤 의미일까?

종교적 의식을 위주로 진행되는 로마 가톨릭교회의 미사나 동방 정교회의 전례와 달리, 개신교회의 예배는 설교를 핵심으로 삼는다. 그래서인지 개신교인들은 세례나 성찬 같은 의식에 소극적으로 참여하는 모습을 보인다. 길어지는 예배 시간이 불편해서일 수도 있고, 아니면 엄숙함과 감격 사이 적절한 마음가짐을 찾지 못해 혼란스러워서일 수도 있다. 우리 신앙에서 성례의 자리는 어디일까?

성례라는 용어는 테르툴리아누스가 '구원의 신비'를 의미하는 헬라어 '뮈스테리온'(mysterion)을 충성이나 맹세 혹은 거룩한 것이라는 의미의 라틴어 '사크라멘툼'(sacramentum)으로 옮긴 데서 유래한다. 헬라 세계의 동방 신학이 추상적이고 형이상학적인 반면 라틴 세계의 서방 신학은 구체적이고 실천적인 특징이 두드러졌음을 떠올리자. 이런 번역은 구원을 구체화하고 싶은 서방 교부의 심산을 내비친다. '성례'라는 용어는 구원의 신비라는 원래의 뜻에 구원을 기념하는 교회적 의례라는 의미가 덧붙여졌고, 나중에는 교회의 거룩한 의례라는 의미로 고착되었다. 아우구스티누스는 성례가 하나님과 우리 사이의 간격을 이어 주는 '거룩한 표징'이자 '보이지 않는 은총의 가시적 형태'라고 하며 성례전 신학의 길을 열었다. 아우구스티누스의 성례 신학을 계승한 중세 로마 교회는 성례를 구원의 총체로 삼았다. 로마 가톨릭교회의 일곱 성사(세례 성사, 견진 성사, 성체 성사, 고해 성사, 혼인 성사, 신품 성사, 종부

성사)는 성직의 주된 임무이자, 구원에 필수적인 은총 자체였다. 역설적이게도 로마 교회는 표징과 그것이 가리키는 은총을 구분했던 아우구스티누스와 달리, "보이지 않는 영적 은총이 보이는 물질에 담겨 있다"라면서 성례를 은총과 동일시하였다. 이런 성례주의(sacramentalism)에 따라 세례 성사의 '물'이나 성체 성사의 '떡과 포도주'는 영적 은총의 상징물을 넘어서 은총 자체로 여겨졌다. 종교 개혁의 로마 교회 비판에서 성례주의는 단골 메뉴였다. 일곱 성사 중 비성경적인 다섯 가지는 우상 숭배로 규정되어 폐기되고 성경적 근거를 지닌 세례와 성찬만 개신교의 예배와 신학에 남았다. 종교 개혁자들은 성례의 성경적 가치를 회복하려고 노력했지만, 성례를 대하는 개신교적 거부감은 쉽사리 사그라들지 않았다. 개신교인의 빈약한 성례전적 감수성은 이런 역사와 무관하지 않다.

성례적 원리(sacramental principle)는 기독교 신앙의 중요한 요소이다. 성례적 원리란 하나님이 창조 세계에 임재하시고 역사하시며 물질과 몸, 세상과 역사를 은혜의 도구로 사용하신다는 신념이다. 선한 창조부터 그리스도의 성육신, 영혼뿐만 아니라 몸과 창조 세계 전체를 포함한 총체적 구속까지, 성경은 영혼과 물질을 나눠서 대립시키는 이원론을 거부하고 일상의 모든 사물과 사건이 하나님의 임재와 축복의 통로가 된다고 가르친다. 성례적 원리를 알지 못하면, 왜 영적인 구원과 축복을 위해 물질적 도구(놋뱀, 손수건, 옷깃, 뼈, 침과 진흙 등등)가 쓰여야 했는지, 왜 전능하신 하나님이 성육신하고 십자가에서 고난받고 죽어야 했는지 모두 수수께끼가 된다. 성례적 원리를 통해 보이지 않는 하나님을 믿고 이 땅 너머의 영원한 축복을 구하는 그리스도인의 삶이 영적 차원에 갇히지 않고 전인격으로 물리적 삶의 전 영역에 참여할 수 있다. 한편 성례주의는 물질 자체를 은혜로 둔갑시킴으로써 영원과 시간, 영혼과 몸, 하나님과 창조 세계 사이의 불가분리적 '끈'을 끊어 버리고 참된 성례적 원리를 왜곡한다. 종교 개혁자들이 그토록 성례주의를 배격한 데는 이런 신학적 이유가 있었다.

그렇다면 우리에게 성례에서 쓰이는 물이나 떡과 포도주는 무엇인가? 하이델베르크 요리문답 제69문부터 제77문에 따르면 이렇다. 우리의 구원은 십자가에서 자신을 드리신 그리스도의 죽으심과 부활하심에 달려 있다. 그 구원이 우리에게 전달되는 방식은 '말씀'이다. 말씀으로 만물을 지으신 하나님은 동일하게 말씀으로 우리를 구원하신다. 그렇기에 복음은 먼저 말씀(설교)를 통해 우리에게 전달된다. 성례는 들려진 말씀(복음)을 우리의 감각에 각인시킨다. 세례는 우리가 그리스도와 함께 죽고 함께 살아났음을 물에 씻기는 감각, 물에 잠기는 감각에 새기고, 성찬은 떡과 포도주가 몸에 흡수되는 감각을 통해서 우리가 그의 생명에 참여함을 일깨운다. 오늘날 우리에게 이 상징이 변변찮아 보일지 모르지만, 근대 이전까지 성례는 복음을 확신시키는 강력한 장치였다. 그리스도의 보혈과 성령으로 얻는 죄 용서를 보여 주는 물 세례는 광야의 먼지로 뒤덮인 일상을 살던 사람들에게 단순하면서도 확실한 메시지를 전달했다. 깨끗한 물이 몸의 더러움을 씻음같이, 그리스도의 피와 성령은 우리의 모든 영적인 죄를 남김없이 씻는다고 말이다. 성찬도 마찬가지이다. 목회자가 집례하는 성찬식에서 성도들은 떡이 떼어지고 포도주가 부어지는 것을 직접 목격하면서 설교로 듣던 복음, 그리스도가 나를 위해 몸이 찢기고 피 흘리셨음을 생생하게 접한다. 그리고 그렇게 떼어진 떡과 부어진 포도주를 자신의 입으로 먹고 마심으로써 구원의 복이 나를 위해 생명의 양식으로 주어졌음을 체감한다. 음식과 음료가 몸 안에 들어와 우리와 하나가 되듯이, 그리스도의 몸과 피에 참여함으로써 우리는 성령의 능력으로 그리스도와 연합하여 한 몸을 이룬다. 비록 우리가 그리스도의 진짜 살과 피를 먹고 마시는 것이 아니지만, 성찬은 그 신비한 진리를 오감에 각인시킨다.

뒷골목의 건달 복서가 세계 챔피언과 겨루는 도전을 그린 영화 〈록키〉(1976)에서, 주인공이 훈련하는 장면에 깔리는 곡인 *Gonna Fly Now*는 도전하는 이의 가슴을 뛰게 한다. 성찬에 참여하는 이에게 바로 그 곡이 어울린다. 성찬은 잃어버린 환호를 되살려 낸 이들이 두 손을 번쩍 들고 감사를 선포하며 주를 따라 고난과 승리의 드라마를 시작하는 출정식과 같기 때문이다. 음악이 잠들어 있는 감각을 깨우듯이, 성례는 물로 씻기고 떡을 삼키고 포도주를 마시는 행위를 통해 복음의 감격과 생명력을 불러일으킨다.

종말론

# 37. 지옥은 어떤 곳일까?

사람들에게 복음을 받아들이고 교회에 다니는 이유를
물어보면 '천국을 사모하는 마음보다 지옥을 두려워하는
마음이 더 커서'라는 생각이 들 때가 많다. '구원받았다'는 말은
'천국을 갈 수 있다'는 의미보다 '지옥행을 면했다'는 의미가
크게 와닿는 모양이다. 인간의 가장 근원적 감정이 두려움이니,
지옥행이라는 최악의 결과를 피했다는 안도감의 크기가
천국이 주는 기대를 압도하는 것이 새삼스럽지는 않다.

하나님의 진노와 지옥 형벌의 공포는 사람들에게 죄 용서와
구원의 복음을 받아들이게 하는 효과적인 수단으로 사용된다.
미국 대각성 운동의 시발점이 된 조나단 에드워즈의 유명한
설교 '진노한 하나님의 손에 붙들린 죄인들'도 생생하고
무서운 지옥의 이미지를 십분 활용하였다. 1741년 7월 8일
엔필드에서 있었던 이 유명한 설교에서 에드워즈는 심판의
엄중함과 지옥의 끔찍함을 담담한 목소리로 전했는데, 설교를
듣는 청중들 사이에는 극도의 공포심이 퍼져서 설교를 듣지
않으려고 귀를 틀어막거나 괴성을 외치고, 심지어 의자를
붙들고 벌벌 떠는 일들이 일어났다고 한다. 지옥의 실재와
공포를 효과적으로 활용하는 설교법은 대각성 운동 내내
하나의 전형이 되었다. 예수도 심판과 영원한 형벌에 대해 자주
말씀하셨는데, 특히 지옥이 실재하는 곳임을 생생하게 알려
주셨다.

한 눈으로 영생에 들어가는 것이 두 눈을 가지고 지옥 불에
던져지는 것보다 나으니라(마 18:9).

거기에는 구더기도 죽지 않고 불도 꺼지지 아니하느니라
사람마다 불로써 소금 치듯 함을 받으리라(마 9:49-50).

작가와 화가들은 지옥에 관한 성경 구절을 뼈대로 삼아 작가적
상상력을 덧붙여 글과 그림으로 묘사하였다. 대표적인 예가
단테의 《신곡》 중 〈지옥〉(Inferno) 편이다. 단테가 묘사한 지옥은
중세의 내세관을 단적으로 보여 준다. 단테의 지옥은 지구의
중심을 향해 깔때기 모양으로 파고 들어간 거대한 구덩이
모양이었다. 총 아홉 개의 층으로 이뤄진 단테의 지옥에서
가장 가벼운 죄를 범한 자들은 림보(Limbus)라고 불리는 지옥의
가장자리에 있고, 거기서부터 죄의 경중에 따라서 음탕한
자들(2층), 탐욕스러운 자들(3층), 인색한 자들(4층), 분노하는
자들(5층), 이교도들(6층), 강포한 자들(7층), 사기꾼들(8층)이 더
깊은 지옥에 배치되고, 가장 깊은 지옥에 배교자들이 있었다.
15세기 이탈리아 르네상스 화가인 보티첼리는 〈지옥 지도〉에서
단테의 지옥을 시각화하였다. 한편 동시대 네덜란드의 화가
히에로니무스 보스의 그림들은 세밀하고 생동감 넘치는
지옥의 이미지를 창출했다. 세 폭의 대형 제단화(삼면화) 양식에
담긴 〈건초 마차〉나 〈세속적인 쾌락의 정원〉에서 보스는

세 번째 화폭에 지옥의 모습을 담았다. 보스의 지옥은 그다지 현실과 달라 보이지 않는 배경에서 악마들이 죄인을 고문하고, 넘치는 죄인을 수용하기 위해 새로운 건물을 짓고, 갖가지 흉측한 괴물들이 인간을 먹는다. 단테의 지옥이 나름의 체계를 갖춘 모양새인 반면 보스의 지옥은 도무지 이해가 되지 않고 기괴하다. 어느 쪽이 더 지옥다운 것일까?

현대인들은 단테나 보스의 상상력을 빌어서 지옥을 형상화하지 않는다. 짐작건대, 사람들은 성경이 말하는 지옥이 실제로 존재한다고 믿지 않거나, 혹은 이미 현실이 지옥 같아서 땅 밑 지옥을 따로 연상할 필요가 없기 때문이리라. 제1차, 제2차 세계 대전과 홀로코스트, 원자 폭탄으로 폐허가 된 히로시마와 나가사키, 베트남 전쟁에서 네이팜탄에 불탄 마을, 일본군에 의해 자행된 생체 실험, 보스니아 내전의 인종 청소, 콩고 내전에서 자행된 부족 간 학살극 등은 현대인에게 지옥이 현실 너머의 실재가 아니라 지금 이곳에서 펼쳐지는 현실이라고 느끼게 했다. 단테도 신곡의 지옥 편을 통해 당시의 현실을 비판했다고 한다. 현대인들도 지옥이라는 단어를 현실에 대한 수사로 사용하는 건 아닐까? 그런 점에서 현대인에게 속칭 '지옥 팔이'는 먹혀 들지 않을지 모른다. 그리스도인조차 교회에서 지옥 이야기를 들은 지가 언제인지 기억하지 못한다. 하지만 무엇을 말하지 않는다고 해서 그것이 실재하지 않는 것은 아니다. 때때로 성경이 말을 아끼는 것은 그것이 우리의 언어와 상식, 상상의 범위를 넘어서는 두려운 실재이기 때문이다. 분명하게 말해야 하는 진실은, 지옥이 실재하며 그것이 단테나 보스가 상상한 지옥이나 현대인들이 경험한 지옥과는 차원이 다른 고통과 형벌의 시공간이라는 성경의 가르침이다. 그것은 마땅히 두려워할 대상이다.

## 38. 마지막에는 사탄을 포함한
## 모든 존재가 구원을 받게 될까?

신학의 역사에는 늘 의견이 팽팽하게 맞서는 주제가 있다. '얼마나 많은 사람이 구원받을 것인가'라는 구원의 범위를 놓고도 서로 다른 두 견해가 충돌한다. 보편 구원설(universal salvation)은 '궁극적으로 모든 사람이 구원받을 것이다'라고 주장하는 반면, 제한 구원설(limited salvation)은 '궁극적으로 일부 사람만 구원받고 나머지는 지옥의 영벌에 처해질 것이다'라고 말한다. 종국에 하나님이 사탄과 악한 영들까지 구원하시리라는 '사탄 구원설'은 보편 구원설과 궤를 같이 한다.

보편 구원설의 기원을 좇다 보면 알렉산드리아 학파의 태두로 불리는 천재 신학자 오리게네스를 만나게 된다. 오리게네스는 악한 인간들과 악한 영들에게 내려질 지옥 형벌이 영원히 지속하지 않고 언젠가 끝날 것이며, 그 이후에 만물이 원래의 질서로 회복되리라는 '만물 회복설'을 주장했다. 오리게네스가 만물 회복설에서 쓴 중심 개념이 회복 또는 재구성이라는 의미의 '아포카타스타시스'이다. 많은 신학 용어처럼 아포카타스타시스도 기독교 신학 외부에서 들어온 외래어이다. 원래 이 용어는 스토아 철학의 우주관에 뿌리를 두고 있다. 스토아의 순환적 우주론에 따르면, 세계가 재탄생하기 위해서는 우주적 대(大)화재(에크퓌로시스)가 일어나야 하는데 이것을 촉발하는 사건이 '별들과 행성들이 제자리로 정렬하는 회귀'이다. 아포카타스타시스는 바로 행성과 별의 회귀를 가리키는 말이었다.

유대 기독교 전통은 아포카타스타시스가 지닌 회복 또는
돌이킴의 의미를 바꿔 사용했다. 예를 들어 히브리 성경을
헬라어로 번역한 70인역은 말라기 4장 6절에 나오는 "아버지의
마음을 자녀에게로 돌이키게 한다"라는 구절에서 '돌이키다'는
히브리어를 아포카타스타시스의 동사형으로 사용했다.
사도행전 3장 21절은 아포카타스타시스를 '만물의 회복'이라는
의미로 사용한다.

> 하나님이 영원 전부터 거룩한 선지자들의 입을 통하여
> 말씀하신 바 만물을 회복(아포카타스타시스)하실 때까지는
> 하늘이 마땅히 그를 받아 두리라.

베드로의 설교 중에 나오는 이 구절에서 아포카타스타시스가
뜻하는 바는 우주 만물의 회복이라기보다 '이스라엘의 회복'
이나 '하나님 나라의 회복'이다. 이렇게 볼 때 오리게네스의
만물 회복설 사상은 특정한 성경 구절에서 나온 것이라기보다
그의 신학적 사고에서 확장하고 추론한 결과이다.

오리게네스는 왜 사탄을 포함한 만물이 궁극적으로
갱신되고 회복된다고 주장했을까? 이 질문에 답하려면

먼저 서방 신학과 근본적으로 다른 동방 신학의 종말론적 사고방식을 이해할 필요가 있다. 간단하게 말해서, 서방 신학은 그리스도의 재림과 최후 심판으로 모든 역사가 끝난다고 보지만, 동방 신학은 그리스도의 재림과 최후 심판이 최종적인 사건이 아니라 영원히 지속될 역사의 차원에서 잠정적이고 일시적인 국면이라고 여긴다. 이런 사고방식의 차이는 최후 심판 이후 내세에서의 형벌에 대해서도 서로 판이한 결론을 만든다. 서방 신학에서는 최후 심판 이후 하나님의 진노를 받은 자들이 지옥에서 영원한 형벌을 받는 운명이 변할 수 없는 최종적 결말이라고 주장한다. 반면 동방 신학에서는 지옥이 일종의 교정 시설이며, 거기에 던져진 사탄과 악한 영들과 악인들이 교화되어 풀려나게 되면 지옥이 폐쇄되거나 소멸될 것이라고 말한다. 사탄도 결국에는 구원받을 것이라는 말은 여기서 나온 셈이다. 다시 말해서 '사탄도 결국 구원받을 것'이라는 말은 '지옥이 영원하지 않다'(hell is not eternal)는 생각과 맞물려 있다.

왜 오리게네스와 동방 신학은 지옥의 영원성을 부인할까? 신학적 진리를 받아들이는 인간에게는 일정한 감정이 개입하는 것을 피할 수 없다. 사람들이 지옥에서 영원토록 형벌을 받는다는 교리를 듣고 심기가 불편해지는 것도 어쩔 수 없다. 오리게네스가 지옥 교리를 불편하게 생각했다면, 그것은 아마 구원론보다 신론의 이유 탓이었으리라. 오리게네스는 하나님이 악에 대해 궁극적이고 최종적으로 승리하신다면 그 승리는 피조물에 불과한 악인과 사탄까지도 결국 하나님께 승복하는 완전한 승리여야 한다고 생각했다. 그래야 하나님의 선하심과 전능하심이 완전하게 드러나며 모든 악과 사망의 권세가 사라진 새 하늘과 새 땅도 하나님의 완전한 승리와 은혜의 충만함을 반영할 수 있기 때문이다. 고린도전서 15장 28절이 제시하는 최종적인 국면, 즉 구원 경륜의 완성 이후에도 지옥이 '영원토록' 지속되고 거기서 '영원토록' 절규하며 형벌을 당하는 존재들이 있다는 사실이

하나님의 완전성이나 회복된 만물의 완전성과는 어울리지
않는다. 이것이 오리게네스의 만물 회복설 배후에 있는
신학적 정서이고 논리였다.

오리게네스의 만물 회복설은 전통적인 기독교 신앙에
수용되기 힘들다. 오리게네스를 존경하는 동방 교회와 달리
서방 교회에서 그의 주장은 '성경이 말하는 바를 벗어나는'
이단적 사설로 정죄받았다. 아무리 오리게네스가 신학적
천재라고 할지라도 악인들과 악한 영들의 운명을 말씀하신
예수의 권위를 넘어설 수는 없는 노릇이다.

> 또 왼편에 있는 자들에게 이르시되 저주를 받은 자들아
> 나를 떠나 마귀와 그 사자들을 위하여 예비된 영원한 불에
> 들어가라 … 그들은 영벌에, 의인들은 영생에 들어가리라
> 하시니라(마 25:41, 46).

> 만일 네 눈이 너를 범죄하게 하거든 빼버리라 한 눈으로
> 하나님의 나라에 들어가는 것이 두 눈을 가지고 지옥에
> 던져지는 것보다 나으니라 거기에는 구더기도 죽지 않고 불도
> 꺼지지 아니하느니라(막 9:47-48).

성경이 말하지 않는 사탄의 구원이나 지옥의 궁극적 폐쇄를
받아들이기를 기대하기는 어렵다. 더군다나 목회와 실천의
차원에서 볼 때, 현세에서 구원의 기회를 놓쳐도 지옥의
고통을 통과한 먼 미래에 결국 구원받는다는 무책임한
공수표를 발부할 수는 없다. 여전히 '지옥에서 영원히
고통받는다'는 말은 내뱉는 사람이나 줍는 사람에게 피차
불편하다. 그래서 어떤 이들은 차라리 악인들이 지옥에서
고통받다가 언젠가 그들의 영혼이 소멸하게 된다는 영혼
멸절설(annihilationism)로 그 불편함을 덜어 보려 한다.
지옥이 일종의 소각로라는 이 주장은 지옥이 일종의 교화
시설이라는 오리게네스의 주장과 그 동기나 정서가 닮아 있다.

오리게네스의 만물 회복설이 정통 신학에 수용되기 힘든 것과 같은 이유로, 영혼 멸절설도 지지할 수 없다. 지옥 생각이 주는 불편함은 이해하지만 말이다.

# 39. 예수가 재림하시는 때를 예측할 수 있을까?

성경은 약속과 기다림의 계시이다. 구약 성경이 하나님이 보내실 중보자 그리스도를 고대하게 했다면, 그리스도의 십자가와 부활 이후 계시의 모든 손가락은 구원 경륜의 오메가 포인트인 그리스도의 재림을 가리킨다.

> 그러나 주의 날이 도둑같이 오리니 그날에는 하늘이 큰 소리로 떠나가고 물질이 뜨거운 불에 풀어지고 땅과 그 중에 모든 일이 드러나리로다(벧후 3:10).

우리는 크고 두렵고 영화로운 재림의 날이 언제 임할지 알려고 애써야 하는가? 예언된 시대의 징조들을 살피면서 그날을 대비해야 하는가? 참된 기독교 종말론은 시한부 종말론과 어떻게 다른가?

창세기에 나오는 창조 이야기는 활시위에 메겨 쏜 화살과 같이 하나님이 의도하고 목적하신 완성, 다시 말해서 창조 세계의 완전하고 의롭고 조화로운 완성인 '새 하늘과 새 땅'(사 65:17-18)을 향한다. 몸의 부활과 우주적 갱신이라는 구속 역사의 피날레를 여는 하나의 사건, 온 역사를 날아온 경륜의 화살이 마침내 과녁에 닿아 약속된 모든 것이 실현될 결정적 순간이 바로 그리스도의 재림이다. 기독교 종말론의 시작(알파)과 끝(오메가)은 그리스도이시다. 그리스도로 말미암아 지어진 창조 세계는 그가 없이 완성될 수 없다. 그리스도는 창조의 중보자이시고 구속의 중보자이실 뿐만 아니라 종말의 중보자이시다. 창조와 종말은 "보라 내가 만물을 새롭게 하노라"(계 21:5)라고 말씀하시는 분으로 인해 맞물리고 이어진다. 성경이 말하는 재림의 사건은 그리스도가 숨겨진 왕권의 베일을 벗으시며 공식적인 심판주로 오실 사건이자, 구속 사역을 완성하기 위해 친히 다시 임재하시는 사건이다. 다른 기독교 교리들과 마찬가지로 기독교 종말론을 여는 열쇠는 그리스도이시며, 가장 중요한 사건 역시 그리스도의 재림이다. 반면 시한부 종말론에는 그리스도가 빠져 있다. 장담컨대, 시한부 종말론의 스포트라이트는 그리스도가 아닌 다른 무엇을 비추고 있을 것이다.

기독교의 종말론은 조직신학의 다른 분야들이 유보한 답변이 최종적으로 주어지는 대단원이다. 하나님의 창조 경륜이 최종적으로 어떻게 실현되고 완성되는지(창조론), 어떻게 죄의 파괴적인 영향력이 극복되고 인간 안에 하나님의 형상이 충만하게 이뤄지는지(인간론), 이미 시작된 그리스도의 구속 사역이 어떻게 완전하고 최종적인 승리로 종결되는지(기독론), 우리 안에서 일하시는 성령의 사역이 어떻게 완전한 구속과 영화로 완수되는지(구원론), 몸 된 교회가 어떻게 머리 되신 그리스도의 영광에 이르게 되는지(교회론)에 대한 답변이 종말론에서 달린다. 따라서 삼위일체론부터 교회론까지 모든 기독교 신학의 진리와 통하지 않은 종말론은 기독교 종말론이 아니며, 종말론이 없는 신학도 완결된 진리 체계가 아니다. 그렇기에 기독교 종말론을 바로 읽기 위해서는 창조와 구속의 경륜, 즉 인간과 교회와 역사 속에 알려 주신 하나님의 계시 전체를 통해 들여다봐야 한다. 처음 궁수의 손에서 쏘아진 이후 시공을 가르며 날아온 화살의 궤적을 모른 채 어떻게 그것이 꽂히는 과녁을 가늠할 수 있을까. 다른 진리들에서 동떨어져 주변화된 잡설들이 시한부 종말론으로 등장하는 일은 기독교 역사에서 심심치 않게 일어났다.

성경은 그리스도의 재림이 임박했음을 짐작케 하는 시대의 표적들이 있으리라고 말한다.

> 모든 나라의 복음화(마 24:14; 롬 11:25), 이스라엘 민족의
> 회심(롬 11:25-29), 대배교와 대환란(마 24:9-24; 딤후 3:1-5),
> 적그리스도의 등장(요일 2:18), 전쟁과 기근과 지진의
> 소문(마 24:7-8)

표적이 가리키는 사건들은 미세한 진폭에서 강력한 폭풍으로
커가는 연속적인 과정의 패턴을 보여 준다. 그것들은 이미
일어났었고 지금도 일어나고 있으며 앞으로 파국적인 규모로
벌어질 것이다. 예를 들어 교회는 시대마다 적그리스도 후보를
지명했었다. 신약 성경이 기록되기 전에 활동한 악명 높은
시리아 왕 안티오쿠스 에피파네스부터 주후 70년에 예루살렘을
파괴한 티투스, 로마를 불태우고 기독교인을 박해한 네로
황제, 종교 개혁 당시의 교황들, 근대의 나폴레옹이나
히틀러, 최근에는 유럽 연합의 지도자, 미국의 대통령까지.
적그리스도는 시대마다 사악한 권세자의 모습으로
등장하지만, 국가나 제도 혹은 사람의 배후에서 하나님과
교회를 대적하는 영적 원리는 동일하다. 느부갓네살이 본 '한
큰 신상'(단 2:31)의 여러 지체가 결국 한 몸의 일부이듯 말이다.

이렇듯 시대의 표적들은 재림 직전에 일어날 일련의

사건들이 아니라 성경이 '말세'라고 부르는 그리스도의 초림과 재림 사이에서 모든 그리스도인과 교회가 맞닥뜨리는 종말의 시간표이다. 시대의 표적들은 이 땅의 역사가 그리스도의 재림을 향해 착실하게 나아가고 있음을 말해 주는 화살의 깃이다. 화살의 깃이 바람에 누워 흔들리고 있음을 본다면 그 화살이 과녁을 향해 날아가고 있음을 알듯이, 우리는 시대의 표적들로부터 주의 날이 오고 있음을 알 수 있다. 하지만 시대의 표적들의 역할은 거기까지이다. 표적들은 그리스도인으로 하여금 하나님이 만물의 운명을 이루실 것임을 확신하며 소망 가운데 늘 깨어 인내하도록 돕는 장치이지, 그리스도가 재림하는 때를 예측하도록 숨겨 놓은 퍼즐 조각이 아니다. 기독교 종말론이 그리스도의 재림을 갈망하게 만든다면, 시한부 종말론은 재림의 시간표에 조바심을 내게 만든다. 주의 날은 크고 두려우며 무엇보다 밤도둑처럼 부지불식간에 들이닥치는, 그래서 반드시 미리 대비해야 하는 날일 뿐이다. 수많은 영화 속 재앙의 아포칼립스처럼 말이다. 재림의 때를 알고자 하는 조바심은 하나님을 신뢰하지 못하는 두려움과 뒤엉켜 있다. 누군가 (절대 맞을 리 없는) 재림의 날을 찍어 준다고 하더라도, 시한부 종말론 신봉자에게서 두려움이 사라질 리가 없다. 오히려 미혹하기 쉬운 먹잇감이 된다.

요한계시록의 카메라는 천상과 지상을 오간다. 한 시점에서 천상의 성전과 찬송하는 하늘 성도들을 비추다가, 다른 시점에서는 지상의 교회와 고난당하는 땅의 성도들을 보여 준다. 지상의 환란과 심판을 비추는 시점을 채우는 음향은 고통의 아우성과 절규, 전쟁의 소란이다. 반면 천상에 울리는 음향은 하나님과 어린양의 권능과 영광을 노래하는 찬미다. 시한부 종말론이 지상의 비명 소리만 크게 튼다면, 참된 기독교 종말론은 천국의 노래를 들려준다.

아멘 주 예수여 오시옵소서(계 22:20).

## 40. 새 하늘과 새 땅은
## 세상이 끝난 다음 펼쳐지는 세계일까?

요한계시록의 마지막 장은 창세기 1장부터 시작되었던 구속
역사가 완성되는 지점을 이렇게 말한다.

> 또 내가 새 하늘과 새 땅을 보니 처음 하늘과 처음 땅이
> 없어졌고 바다도 다시 있지 않더라(계 21:1).

새 하늘과 새 땅은 현존하는 세계가 철저한 파괴되고 난 뒤에
새롭게 건설된 세계일까? 창조 이후 인류가 일군 문화와
문명은 그 세계와 아무런 연관이 없을까? 개울의 물이 언젠가
닿을 바다를 상상하듯이 우리도 이 거대한 질문을 곱씹어
보자.

성경의 몇몇 본문들은 그리스도의 재림이 세상 멸망의
묵시일 것 같은 암울한 인상을 준다. 묵시를 가리키는
헬라어 '아포칼립시스'는 '베일을 벗음', '드러남'이란 뜻으로,
신약 성경에서 그리스도의 '나타나심'으로 번역되어 재림을
가리킨다(고전 1:7-8; 살후 1:7; 벧전 1:7).

> 그날 환난 후에 즉시 해가 어두워지며 달이 빛을 내지
> 아니하며 별들이 하늘에서 떨어지며 하늘의 권능들이
> 흔들리리라(마 24:29).

> 그날에는 하늘이 큰 소리로 떠나가고 물질(스토이케이아)

이 뜨거운 불에 풀어지고 땅과 그중에 있는 모든 일이 드러나리로다(벧후 3:10).

이런 구절들은 인류 멸망을 그린 SF 영화로 물든 상상력이나, 문자에 대한 편집증을 버리고 성경 전체의 맥락에서 이해해야 한다. 이 표현들은 구약에서부터 나타났다. 구약에서 이스라엘 민족이 경험한 구원은 이웃 국가의 침략에 맞서 군사적 승리를 거두고 간헐적인 해방을 누리는 국지적 사건이었다. 하지만 어떤 구약 본문은 미래에 일어날 우주적 구원을 묘사하기 위해 천체가 어두워지고 일그러진다는 표현을 사용했다. 그런 표현은 하나님의 구속이 총체적인 차원에서 일어날 것을 말할 뿐 실제로 우주가 파괴된다는 의미가 아니었다. 신약의 묵시에서 자주 쓰이는 '별들의 추락'도 마찬가지이다. 이 표현은 타락한 영적 존재들이 천상의 권세를 잃고 쫓겨났음을 말해 주는 전형적 표현이다. 천상적 존재의 추락은 종종 물질이 풀어지는 현상과 결부되었다. 물질(스토이케이아)이 타락한 천사들과 관련이 깊으므로, 그들에 대한 심판은 하늘을 풀어헤치고 기본 물질을 녹이는 것으로 그려졌다(11번 질문 '하나님은 왜 인간 외에 다른 영적 존재들을 지으셨을까?' 참고). 새 하늘과 새 땅에 바다가 없다는 표현 역시 문자 그대로 받아들일 게 아니라 악과 혼돈의 세력이 다시는 해를 끼치지 못한다는 의미로 읽어야 한다. 계시록에서 바다는 항상 악한 세력, 불경건한 민족과 음란한 세대가 등장하는 무대이다. 이렇게 성경의 용례와 맥락을 따라 찬찬히 살펴보면 묵시 본문들이 세상의 멸망과 우주의 파괴를 가리키지 않음을 알 수 있다.

새 하늘과 새 땅이라는 구속의 최종적 비전은 창조의 이야기를 포함한 전체 구속 이야기의 틀에서 가늠되어야 한다. 10부작 드라마의 마지막 편이 어떤 결말일지 예상하려면 그 드라마를 몇 편이라도 봐야 할 것 아닌가. 구원 이야기의 마지막 그림도 우리가 이미 알고 있는 것들로부터 선을 이어서 그려야 한다. 창조와 구속의 이야기로부터 말이다. 성경에서 구속은 창조의 회복이자 완성이다. 대부분의 고대 철학과 종교가 구원을 '땅(세상)에서 벗어나 하늘로 상승하는 수직적 이동'으로 그리는 것과 달리, 성경이 그리는 구속은 창조 세계와 인간의 역사가 흐르는 길을 거쳐 완성되는 수평적 이동이다. 인간과 천사, 창조 세계와 그 안의 모든 만물을 전부 끌어안는다. 그뿐만 아니라 성경이 말하는 구속은 '몸'과 '하늘과 땅'이라는 물리적 구조를 유지한 채 새로운 삶의 방식을 채운다. 창세기 첫 장에서 시작되어 요한계시록의 마지막 장에서 완성되는 창조와 구속의 이야기는 하나의 연속적인 세계에서 일어난 일이다. 성경의 구속사를 따라가다 보면, 마치 자그마한 연못의 중심에서부터 퍼져 나간 물결이 가장자리까지 미치듯이 창조 세계 동심원의 중심인 에덴동산으로부터 우주 전체로 하나님의 임재와 축복이 퍼져 나가는 것을 볼 수 있다.

단언컨대 성경의 관심은 인간이 창조 세계를 떠나 하늘로 올라가는 데 있지 않다. 그보다 하늘의 하나님이 인간과 동거하시기 위해 땅으로 내려오시고, 타락한 세상을 거룩하게 회복시켜 임마누엘의 처소(성전)로 삼으시는 내용이 주된 이야기이다. 예수도 주기도문에서 우리에게 하나님의 뜻이 '이 땅'에서 이뤄지고, 하나님의 나라가 '이 땅'에 임하고, 하늘 보좌가 '이 땅'에 서도록 구하라고 하셨음을 상기하자. 수직적 사고에서 수평적 사고로 돌아서면, 에덴동산부터 새 예루살렘으로 이어지는 선이 보인다. 거기는 둘 다 하나님이 인간과 함께 거하시는 공간이며, 둘 다 하나님의 은혜를 상징하는 강이 흐르고 생명 나무가 무성히 자란다. 에덴동산이 작고 희미한 가능태라면 새 예루살렘은 궁극적이고 영광스러운 현실태라는 점이 다르지만, 하나님의 임재라는 원의 중심은 정확하게 일치한다. 성경의 마지막 페이지에서 에덴동산과 같은 원시 자연의 장면을 마주쳤다면 우리는 구속의 완성이 도시와 문명이 불탄 재처럼 사라진 모습이라고 추측할 것이다. 하지만 구속의 이야기는, 죄와 폭력, 음란과 죄악으로 물든 바벨론의 존재에도 불구하고 에덴동산으로

회귀하는 대신 새 예루살렘으로 끝마친다. 문화와 문명의
상징인 도시는 파멸의 대상이 아니라 회복의 대상인 것이다.
하나님은 그렇게 인간의 도시를 거처로 삼으신다.

강은 바다로 이어지니 강을 알면 바다도 알 법하지만, 바다의
광대함 앞에서 강이 초라해짐은 피할 길이 없다. 현세의
삶에서 가늠해 보는 새 하늘과 새 땅도 그렇지 않을까?
부활의 몸과 영원한 생명으로 사는 삶은, 사람의 신체와
문화, 공동체성이 제거된 방식이 아니라 궁극적으로 회복되고
완성된 방식일 것이다. "이전 것은 기억되거나 마음에 생각나지
아니할"(사 65:17) 만큼 총체적인 변화를 우리는 다 짐작할 수
없다. 그러나 새 하늘과 새 땅을 비치는 빛이, 지금 여기서
하나님의 임재를 맛보는 이들을 투과한다는 사실만큼은
주저함 없이 말할 수 있다.

윤형철 교수의
# 조직신학 꿀팁
Got Questions? ②
Sweet Tips for Studying Systematic Theology
by Professor Hyungchul Yoon

지은이  윤형철
펴낸곳  주식회사 홍성사
펴낸이  정애주
국효숙 김의연 박혜란 손상범
송민규 오민택 임영주 차길환

2021. 5. 3. 초판 발행    2024. 3. 15. 2쇄 발행

등록번호 제1-499호 1977. 8. 1.
주소 (04084) 서울시 마포구 양화진4길 3
전화 02) 333-5161    팩스 02) 333-5165    홈페이지 hongsungsa.com
이메일 hsbooks@hongsungsa.com    페이스북 facebook.com/hongsungsa
양화진책방 02) 333-5161

ⓒ 윤형철, 2021

ISBN 978-89-365-1479-2 (03230)